EL
TAROT
de Marsella

PAUL MARTEAU

EL
TAROT
de Marsella

Prólogo de
JEAN PAULHAN

Exposición de
EUGÈNE CASLANT

MADRID - MÉXICO - BUENOS AIRES - SANTIAGO
2016

Título original: LE TAROT DE MARSEILLE

© 2011. Paul Marteau
© 2011. De esta edición, Editorial EDAF, S. L. Jorge Juan, 68. 28009 Madrid, por acuerdo con Arts, el Metiers
Graphiques, París.
© De la traducción: M.ª Luz González.

Editorial Edaf, S. L. U.
Jorge Juan, 68. 28009 Madrid, España
Tel. (34) 91 435 82 60 - Fax (34) 91 431 52 81
http://www.edaf.net
e-mail: edaf@edaf.net

Ediciones Algaba, S. A. de C. V.
Calle 21 - Poniente 3323. Colonia Belisario Domínguez
Puebla 72180, México
Tel. 52 22 22 11 13 87
e-mail: jaime.breton@edaf.com.mx

Edaf del Plata, S. A.
Chile, 2222
1227 Buenos Aires, Argentina Tel/Fax (54)
11 43 08 52 22
e-mail: edaf4@speedy.com. ar

Edaf Chile, S. A.
Coyancura, 2270 Oficina 914
Providencia, Santiago de Chile, Chile
Tel. (56) 2/335 75 11 - (56) 2/334 84 17 - Fax (56) 2/231 13
97 e-mail: comercialedadchile@edafchile.cl

9 ª edición, enero 2019

ISBN: 978-84-414-3057-0
Depósito legal: M-42.994-2011

PRINTED IN SPAIN   IMPRESO EN ESPAÑA
Graficas COFÁS - Móstoles (Madrid)

Índice

En memoria de
EUGÈNE CASLANT.

Prólogo

CONCERNIENTE AL BUEN USO
DE LOS TAROTS

Sobre la naturaleza de los Tarots, unos entienden más bien poco y otros demasiado. Los eruditos ven en ellos unas veces un almanaque de pronósticos perpetuo y otras un curso de moral, una metafísica y una alquimia; un juego, la simple fantasía de un fabricante de naipes, un tratado de ocultismo, una mancia. Sus comentarios, a un tiempo gratuitos y violentos, provocan finalmente auténticas ganas de no hablar del Tarot más que con rigor, y ateniéndose a determinadas líneas.

Pero el simple aficionado a los Tarots, o más bien —si puedo llamarlo así— el usuario, este no duda. Mientras maneja sus cartas, las vuelve y las revuelve, está convencido de asistir al desarrollo real de las cosas, de las cuales no veía hasta aquí sino la apariencia. Como si hubiese puesto un papel perforado de leer claves sobre el mundo, no importa qué acontecimiento le descubra repentinamente su cara secreta, sus fantasías, sus razones particulares. El Tarot ocupa el lugar, según la época, del augur y de la sibila, del velador de tres pies, de la jovencita sensible, y vagamente sonámbula —a veces se trataba de la criada— que en tiempos de Mesmer informaba cada noche a toda la familia sobre el origen del Mal, los paisajes del Infierno y el tratamiento de los reumatismos.

I. LOS ARCANOS Y LA LEY DE ESPECIALIDAD

Los Tarots constituyen una lengua, de la cual solo nos es dado el alfabeto. Este alfabeto comprende setenta y ocho cartas en las que aparecen criptogramas o jeroglíficos, quiero decir que a primera vista presentan algo evidente y misterioso a la vez; algo ingenuo, pero sutil. Se ve en ellas un sumo sacerdote, un cangrejo, el sol y la luna, un mago, un colgado. Se trata de un alfabeto en el que cada letra —como a veces deseamos, totalmente en vano, para las nuestras— parece llevar ya su sentido. Sin embargo, las obras, y los monumentos literarios, de esta lengua se desvanecen tan pronto como se forman: a lo más se distingue entre ellas diversos géneros, que se llaman *gran juego, pequeño juego, tirada media, gran tirada, realización y el resto.*

Por otra parte, el Tarot no es otra cosa que el juego de cartas común —exactamente igual que el castellano es un latín algo más evolucionado, o el malayo un malgache primitivo. Se disputa, sin grandes pruebas, sobre cuál fue el original. El hecho es que ambos sirven para lo mismo: bien para el juego puro y simple, por el galardón o por las ganancias—, en unos lugares es el juego lombardo o el *tarocchino,* y en otros el *piquet* o el imperial, o bien para la consulta sobre el destino. Y del juego a la consulta, todas las mezclas que se puedan imaginar. ¡El jugador de tute en el café, que tiembla al primer envite ante sus cartas, arroja una ojeada oblicua, y más tarde grita: «¡Únicamente hay suerte para la canalla!» (la canalla, por supuesto, es su adversario); o bien: «Decididamente, Dios está contra mí», ¡se inquieta por ganar las consumiciones! Interroga a los dioses, y trata de avergonzarlos.

Dado que el uso es el mismo, las figuras son análogas: los mismos honores, reyes, reinas (o *damas*), sotas (flanqueadas, en el Tarot, por los caballos). Las mismas cartas numerales: as, dos, tres, cuatro, y así hasta diez. Y simplemente los «colores», aquí, son: tréboles, diamantes, corazones y picas. Y allí: bastos, oros, copas y espadas. Pero hay una diferencia más sensible. Se trata de los veintidós arcanos —se les llama también *triunfos*— del Tarot, que vencen, en el juego, a cualquier otra carta y en la adivinación señalan las intenciones mayores del destino.

Esto no constituye una diferencia anormal o sorprendente. Los lingüistas tienen costumbre de distinguir entre lenguas sintéticas y analíticas. Añaden que es corriente ver una lengua analítica volver a la síntesis; o sintética, en razón de la ley de especialidad, al análisis. Así es como el castellano dice *más* puro, donde el latín con una sola palabra decía *purior;* para el amor donde el latín decía *amori,* y *del árbol* en lugar de *arboris. De, para, más* son llamados *exponentes.* Son la mayor parte de antiguos sustantivos, adjetivos o adverbios, que han sido extraídos del común y dotados de una fuerza activa.

Igualmente los arcanos. En el juego corriente, cada color puede convertirse en triunfo. Depende, según el caso, del albur de una vuelta o de la decisión de un jugador —que se obliga, al precio de esta concesión, a sacar de su juego un partido sensacional—. Pero en el Tarot, los triunfos forman rancho aparte. No dependen de ningún color. Están provistos de nombres y de cifras. En una palabra, son pasados exponentes, de los cuales cada uno parece marcar en lo sucesivo —como ocurre con las preposiciones— su matiz particular; y el conjunto, una intención común.

II. DESORDEN Y METAMORFOSIS

¿Qué intención? Si miro pacientemente esos singulares pictogramas, lo que me admira ante todo es su diversidad. Se diría que todos los pueblos han sido llamados a colaborar allí, así como todas las mitologías. (¿Cómo podrían entenderse?) Ese diablo acompañado de dos diablillos, ese Juicio final —con su trompeta retumbante y la resurrección de los cuerpos— provienen de Cristo en línea directa, sea. Pero ¿y la sacerdotisa? He ahí que tiene más bien el aire de una blasfemia. Por otra parte, se diría que es Isis: sobre sus rodillas, el gran libro de la naturaleza (el cual no está leyendo); detrás de ella, una vela extendida. También la Rueda de la fortuna, con su esfinge, su mono y su perro, nos remite a Egipto. Sin embargo, Cupido, la Fortuna, el Carro triunfal evocarían más bien a los griegos y a los romanos. Existen alusiones más precisas. El cangrejo (o cáncer), los gemelos, las pléyades, dependen evidentemente de la astrología. El sumo sacerdote entre las columnas Jakin y Boaz, de la iniciación masónica. La transmutación de los metales, de la alquimia medieval.

Otras láminas parecen simplemente evocar proverbios: la Templanza echa agua a su vino: la Estrella (pero ¿por qué la Estrella?) lleva agua al río. Los perros ladran a la luna. En suma, no son religiones ni ciencias las que se ven aquí o allá alcanzadas. Como si el desconocido autor del Tarot hubiese llegado a algún conocimiento que distinguiese su unidad profunda, y las englobase todas en una misma visión. O, si se prefiere, que haya sacado partido a la buena de Dios, para su colección de imágenes, del fárrago de creencias y mitos donde todos estamos sumergidos. Hay que analizarlo más de cerca.

Ahora bien, cada carta, a su manera, ofrece, en profundidad, el mismo desorden. ¿Es realmente un sumo sacerdote ese viejo disfrazado con una esclavina roja, un hábito azul y una tiara amarilla? (Deberían ser blancos, como todos sabemos.) ¿Y por qué la Muerte corta cabezas y manos ya enterradas (o se trataría de una segunda muerte)? Y el colgado, ¿de dónde proviene su aire triunfante, ese traje de fiesta y, si se da la vuelta a la carta —¡está colgado por un pie! —, su aspecto de bailarín? ¿Por qué el diablo es hermafrodita? ¡Pues, y el mago! Porque estar instalado sobre una montaña desierta no es la costumbre de los magos. ¿Por qué ese aire de inspirado, esa toca lemniscata en forma de infinito? (¿Es el propio Tarot, a un tiempo, jugador y adivino? ¿Es Dios?) ¿Por qué el Loco es el único de los arcanos que no tiene número (como si la locura amenazase en todo momento al jugador —o al iniciado—)? Ni la Muerte, nombre. ¿Por qué ciertos nombres nos engañan? El Arcano dieciocho, ¿tiene por sujeto (como se nos anuncia) a la Luna —o más bien a ese misterioso cangrejo que no aparece sino insensiblemente, azul en agua azul, pero del que nuestros ojos no se desprenden? Igualmente, en el Arcano diecisiete, la estrella cede el sitio a la jovencita con dos jarras; el sol, en el Arcano diecinueve, a los gemelos. ¿Por qué los dos muchachos precipitados desde su torre muestran semejante placer al tocar tierra, sin motivo? ¿Por qué la Fortuna sobre su rueda que está en el último Arcano se transforma, tan pronto como se mira de cerca, en ese andrógino que sube al cielo (¿es el alma finalmente liberada?) provisto como el Mago del bastón mágico? No se terminaría nunca.

III. SOBRE EL TRATAMIENTO DE LOS HECHOS OCULTOS

A quienes toman en consideración los hechos secretos u ocultos —apariciones, embrujamientos, sueños premonitorios, amuletos, transmisiones de pensamiento, traslados de objetos, fantasmas— les resultarán evidentes dos puntos en primer lugar.

He aquí el primero: observados (o practicados) en todo lugar y en todo tiempo por animosas gentes —no necesariamente de espíritu fantástico o quimérico como son los escritores (e incluso los sabios), no, sino la mayor parte sólidas y prácticas y con los pies en la tierra: cazadores y pescadores, campesinos, soldados—, su total falsedad sería un acontecimiento mucho más inverosímil (y, si se quiere, oculto) que su aparición. Plantearía preguntas más difíciles aún. Porque quedaría por explicar cómo tantas personas, por lo demás honradas y de buen sentido y de espíritu más bien desconfiado, han podido, sin haberse consultado de ningún modo, cometer por millares y millares de ejemplares un error idéntico. Los sabios prestan gran atención, en su método, al principio de *economía,* que consiste en clasificar por series las preguntas y no remover problemas más de lo necesario. Pues bien, la economía consiste aquí simplemente en admitir de una vez por todas que existen acontecimientos que escapan a las medidas de la razón tanto como al control de la ciencia: acontecimientos secretos, de ninguna manera vanos ni gratuitos; sino por los que participamos (a falta de conocerlos) en los acontecimientos del mundo: en el origen del mal, en los paisajes del infierno —tal vez incluso en el tratamiento de los reumatismos—. De donde la mejor prueba y la más irrefutable sería, si se quiere, esta: esto es, que ya no se transforma, no se es sabio por ciencia, ni razonable por razón; sino por una elección que sería más bien del orden del misterio *o de la fe: por una elección muy precisamente oculta. Un segundo punto,* si se considera, no es menos evidente.

No han faltado hombres que estuviesen relacionados en todos los tiempos con las apariciones, embrujamientos y demás. Ni aquellos que han intentado desprender de ello las leyes o las reglas, y desviar en su provecho los efectos benéficos, así como apartar los maléficos. Ahora bien, las ciencias y las técnicas que han resultado de sus esfuerzos tienen en común un rasgo curioso: que salen mal paradas con bastante rapidez. Por plausible que sea su partida, por exactos que sean sus primeros datos, se persiguen, y a menudo fenecen en una palabrería extremadamente pretenciosa, pero en suma más bien vacía y vana. Pese a nuestros penosos, nuestros conmovedores esfuerzos, apenas sabemos más, sobre las apariciones y los milagros, que un chino del siglo x antes de Cristo. Sabemos simplemente, como él, que «los hay».

Lo menos que hay que decir de los especialistas del ocultismo es que salen malparados, aún con mayor rapidez que sus ciencias. No pienso siquiera en aquellos que naufragan en la miseria, ni en las enfermedades infectas: Court de Gébelin, Eliphas Lévi y tampoco los bohemios, cuya misión misteriosa parece que haya consistido en propagar los Tarots por el mundo, apenas han extraído beneficio de las riquezas que nos prometen graciosamente. Y lo más negro, los ocultistas que conocemos mejor —aquellos a quienes vio el siglo de las luces: Saint-Germain, Cagliostro, Mesmer, Casanova y, algo más tarde, Etteila—, terminan en general por vivir a expensas de viejas damas ingenuas, deseosas de inmortalidad. En una palabra, como les ocurre uno u otro día a los médiums célebres, engañan. Cuando no adoptan el oficio que parece ir mejor con el de adivino: agentes secretos, espías; o también investigadores, beneficiando al Estado que les paga con las zanjas que les ha hecho cavar el laudable afán de encontrar un tesoro escondido. Existen hechos ocultos. Y lo menos que se puede decir es que estos hechos no se dejan dominar, ni conocer plenamente; no hacen ciencia. Se disuelven o se extravían, tan pronto como son puestos al día. En suma, son, no por hallazgo sino doblemente, sino *esencialmente,* ocultos. Tal era precisamente el sentido común de los arcanos, y su insistencia.

¿Eran necesarios tantos miramientos y cuidados para tener presente lo que las propias palabras quieren decir? Sin duda. Baste evocar el fárrago que ha tenido curso anteriormente entre nosotros, y cuyo propósito corriente sería, más o menos, que lo oculto exige ser explicado, revelado, comunicado; que soporta, sin perder su virtud, la luz plena. Hay algo más necio (o más repugnante): que aspire a servir a nuestros intereses. Contra esto es contra lo que el amante de los Tarots mantiene que el secreto no es en modo alguno ni un azar ni un accidente; que no es una simple ausencia. No; sino muy específicamente una cosa, y como una *naturaleza.*

De donde viene, para el libro que sigue, un método particular de lectura: sería imprudente tratarlo como un manual de física o de geometría. Todo lo contrario. No hay que aprenderlo de memoria. Ni mostrarlo —aunque sea a mi parecer, muy exacto y muy hermoso— a todos los amigos. Ciertamente hay que leerlo, pero olvidarlo inmediatamente, y más tarde leerlo de nuevo (sin releerlo jamás). En una palabra, relegarlo a esa parte secreta de nosotros mismos, donde todo el Tarot al completo no es sino una constante alusión.

JEAN PAULHAN

Exposición

Si se intentase demostrar a un hombre de ciencia el valor y las propieda-des adivinatorias del Tarot, es probable que la demostración fuese acogida con escepticismo, si no con ironía, porque el Tarot despertaría en él el re-cuerdo de las echadoras de cartas o de aquellas que dicen la buenaventura, y lo consideraría únicamente como un producto de la superstición y un me-dio de explotar la credulidad humana.

Tal vez cambiaría de opinión considerando que hay que desconfiar de las ideas preconcebidas, que posiblemente una supervivencia del pasado, tan tenaz como la del Tarot, oculta un sentido original y profundo, que ha podido ser obnubilado por las concepciones del presente. ¿Quizá, al recor-dar que el Tarot ha engendrado las cartas, es decir, uno de los principales instrumentos de pasión del juego, buscaría la causa del papel que represen-tan en la humanidad, y querría saber por qué el hombre se somete al azar de sus combinaciones, con la esperanza de alcanzar la fortuna cuando muy frecuentemente no recoge más que decepciones. ¿Y no se sentiría incitado a preguntarse si ese atractivo de las cartas sobre el hombre no proviene de causas profundas?

La respuesta le será dada si se toma la molestia de examinar cómo llega el hombre al conocimiento; entonces recordará que los sistemas lógicos que emplea en la búsqueda del saber son principalmente el razonamiento de identidad y el razonamiento de analogía. El primero sirve como base a las ciencias modernas, de él derivan las matemáticas y la mayor parte de la ramas que se enseñan en nuestras escuelas científicas. El segundo es utili-zado por la Naturaleza; esta ignora nuestras ciencias llamadas exactas, que en realidad no son sino métodos abstractos, concebidos por nuestros cerebros, elegidos por nosotros porque su mecanismo se adapta fácilmente a la imperfección de nuestras facultades. La Naturaleza no acepta el razonamiento de rigor cuya falta de flexibilidad paralizaría sus esfuerzos, porque ella jamás engendra dos cosas idénticas; no conoce más que cualidades, y para coordinar estas cualidades entre sí se basa en las analogías y procede por afinidad.

Así, para conocer las leyes y los principios de la Naturaleza, habría que determinar los eslabones analógicos que conectan todas las cosas. Pero esta operación, debido a la complejidad y a la inmensidad de los elementos que engloba, sobrepasa los alcances del entendimiento humano, de suerte que no se la puede verificar sino limitándola al estudio de los eslabones más simples y más accesibles a nuestro espíritu. Ahora bien, aquellos que cumplan estas condiciones deben entrar en el marco de las cosas tangibles y, en consecuencia, tomar el aspecto de las formas que nos son familiares. Sirven entonces de base y permiten entrever los otros peldaños por similitud. Así es como el hombre se ha visto obligado a recurrir al simbolismo, es decir, a la transposición de las leyes cósmicas en el mundo físico, concretándolas en forma de escenas llenas de imágenes. Tales son las causas que han llevado a los hombres de tiempos pasados a concebir las imágenes del Tarot.

¿Qué conocimientos se poseen sobre los orígenes del Tarot y sobre las vicisitudes que ha sufrido a través de los tiempos en su forma y en sus interpretaciones?

Una crónica de Giovanni de Juzzo de Caveluzo, conservada en los archivos de Viterbo, fija la época en que las cartas aparecieron en Europa, en el siguiente pasaje:

«En el año 1379 fue introducido en Viterbo el juego de cartas que proviene del país de los sarracenos, y que entre ellos se llama Naïb».

Esto muestra que las cartas tienen un origen más lejano. Si uno se remite, no ya a los escritos históricos, sino a la tradición oral y a ciertos libros, tales como los de Charles de Paravey[1] o de Moreau de Dammar-

---

[1] Le Chevalier Charles-Hippolyte de Paravey, orientalista francés, 1787-1871. Entre sus obras destacan: *Resumen de memorias manuscritas, sobre el origen de la esfera, sobre la edad de los Zodiacos, etc.*, París, 1835. *Confirmación de la Biblia y de las tradiciones egipcias y griegas, me-*

tin[2], *El Tarot se remontaría a los Egipcios, quienes a su vez lo habrían to-mado de razas anteriores. Se supone que la élite de estos pueblos, al contem-plar el cielo, percibían en la agrupación de las estrellas y la marcha de los planetas la manifestación de leyes cósmicas, que su sentido del simbolismo expresaba en una serie de imágenes. Cada una de ellas, por la disposición de los colores, de los objetos y de los personajes, hacía resaltar, con sus conse-cuencias, los principios que sus autores habían reconocido. Su número y su secuencia eran determinados por las reglas de la analogía, y su conjunto, al que se ha dado el nombre de Tarot, constituía una síntesis que resumía la evolución del universo. Según los autores que hemos citado, estas imágenes, esquematizadas al máximo, habrían sido el origen de las escrituras jeroglí-ficas. Moreau de Dammartin, en apoyo de estas ideas, agrupa varias cons-telaciones y las dibuja de manera que representen en el cielo «El Mago» y algunas otras Cartas del Tarot, al mismo tiempo que los signos alfabéticos que les corresponden.*

Como quiera que sea, según la tradición oral, las Cartas del Tarot cons-tituyen una representación en imágenes de la historia del mundo, y sus combinaciones expresan el juego ondulante y diverso de las fuerzas univer-sales. Por ello es por lo que aquel que manejaba estas cartas estimaba que su mezcla, si se hacía en afinidad con la proyección mental o pasional del consultante, podía descubrir la ley cósmica puesta en juego, y revelar, en cierta medida, el destino.

---

diante los libros jeroglíficos encontrados en China, París, 1838. *Conocimientos astronómicos de los antiguos pueblos de Egipto y de Asia sobre los satélites de Júpiter y el anillo de Saturno, etc.*, París, 1835. *Documentos jeroglíficos procedentes de Asiria y conservados en China y en América sobre el primer Diluvio de Noé, etc.*, París, 1838. *Ensayo sobre el origen único y jeroglífico de los números y las letras de todos los pueblos, precedido de una rápida ojeada sobre la Historia del Mundo, en-tre la época de la Creación y la Era de Nabonassar, y de algunas ideas sobre la Formación de la Primera de todas las escrituras, que existió antes del Diluvio, y que fue el Jeroglífico*, París, Treut-telet Wurtz, 1826. *Ilustraciones de la Astronomía Jeroglífica y de los Planisferios y Zodiacos en-contrados en Egipto, en Caldea, en la India y en el Japón*, París, Delahaye, 1835. *Nueva conside-ración sobre el Planisferio de Dendérah, etc.*, París, Treuttel et Wurtz, 1835. *De la Esfera y de las Constelaciones de la antigua Astronomía jeroglífica, etc.*, París, 1835.

[2] *Origen de la forma de los caracteres alfabéticos de todas las naciones, de las claves chinas, de los jeroglíficos egipcios, etc.*, por Moreau de Dammartin, miembro de l'Institut Historique, París, 1839.

*La consecuencia de estos orígenes ha sido presentar el Tarot bajo tres as-
pectos: uno simbólico, otro adivinatorio, y el tercero propio a las combinaciones múltiples. De ello resultan tres corrientes: una iniciática, accesible
solo a los espíritus dotados del sentido analógico, representa el Tarot propiamente dicho; la segunda, llamada de la buenaventura, utilizada por
los cartománticos, se traduce en figuras derivadas y degradadas del Tarot
primitivo; la tercera, que no contempla más que la elección y el manejo de
las combinaciones, ha constituido las cartas para jugar.*

*Esta triple corriente ha dado nacimiento a innumerables imágenes que
varían por el detalle de los objetos, por la naturaleza de los personajes, por
el sentido filosófico, ritual o humorístico que se les ha querido atribuir;
pero se relacionan con más o menos fidelidad o fantasía a los principios del
Tarot. Así es como, aliado de las cartas de juego tradicionales, se encuentra, bien una multitud de juegos representando escenas o personajes históricos, políticos o satíricos, bien grupos de imágenes simbólicas, propias para
facilitar la adivinación, como la de* Mademoiselle *Lenormand, que, se
dice, habría predicho a Bonaparte su alto destino, o bien, en fin, dibujos
destinados a reconstruir el Tarot iniciático, tanto según la inspiración personal como ateniéndose a los datos de obras antiguas, como las de Etteila,
de Eliphas Lévi, de Papus, de Stanislas de Guaita, de Oswald Wirth, realizadas en el siglo* XIX *y a principios del* XX.

*¿Qué hay que pensar de este hormiguero de imágenes; cuáles son las
más interesantes? ¿Existe entre ellas una que predomine y que merezca una
especial atención? A Paul Marteau le corresponde zanjar la cuestión.*

*Paul Marteau, gran experto en cartas en Francia, es uno de los di-
rectores de la Casa Grimaud, cuya fama por la fabricación de barajas
de juego es mundial. No ignora nada de cuanto se ha dicho o hecho
acerca de las cartas. Basta entrar en su despacho, tapizado con juegos de
todo tipo y de todas las épocas, para darse cuenta de su competencia en
semejante materia. Conoce su valor y sabe hacer resaltar con humor todas las particularidades. Pero, a sus ojos, ningún juego es comparable al
antiguo Tarot llamado «de Marsella», porque, según él, es el más conforme a la tradición, el más rico en sentido analógico. Como su diseño
rudo y la profundidad de sus símbolos, que no se descubre sino mediante
un minucioso análisis, han hecho que se desconozca, Paul Marteau con-*

sideró útil llamar la atención sobre él y presentar su interpretación al público.

Por ello, ante todo, lo ha reeditado con un esmero particular, y después ha compuesto este libro en el que se interesa por mostrar al lector que nada en este Tarot fue dejado al azar, que los dibujos han sido concebidos de forma que den un sentido a los menores detalles, que los colores siempre son apropiados a la idea principal de cada Arcano, y que el conjunto revela una filosofía trascendente. Por tanto, su obra no contiene ni historia sobre las cartas, ni tan siquiera una crítica sobre la concepción del Tarot de Marsella. Traduce únicamente el simbolismo.

Operación delicada, de la que es fácil darse cuenta examinando las dificultades del problema. Los medios que pueden tomarse como punto de partida o de apoyo son pobres. Como partida, hay algunas reglas de la simbólica: se sabe, por ejemplo, que en general el amarillo significa la inteligencia o lo espiritual, el azul el psiquismo o el estado místico, el rojo las pasiones o los apetitos. Como apoyo, hay comentarios publicados sobre Tarots similares, pero además de que en su mayor parte no hacen alusión más que a los 22 Arcanos mayores y dejan en la sombra los 56 Arcanos menores, apenas van más allá de la filosofía de sus autores y sus dibujos son incompletos o deformados, porque han olvidado representar aquello que no han comprendido bien. Por otra parte, es poco lo que se sabe sobre los orígenes del Tarot de Marsella. Ciertas características del dibujo, la forma del vestido y la de los rostros hacen suponer que se remonta a mediados del siglo xv y que ha sido realizado en Alemania. Según la tradición oculta, sería la reproducción, adaptada a la indumentaria de la época, de un Tarot más antiguo llevado por los griegos a Fócida —la antigua Marsella—, que a su vez ellos conservaban de los egipcios.

En presencia de tan escaso bagaje, hay que proceder a veces con un análisis minucioso, y a veces con un espíritu sintético, para interpretar los menores matices de las imágenes y coordinarlos de manera que los resultados formen un todo coherente y racional. Este arduo trabajo aún resulta insuficiente si se considera que el Tarot, para expresar toda la flexibilidad de las leyes de la Naturaleza y del Cosmos que se proponía reflejar, había debido adaptarlos elementos del dibujo, colores, formas y actitudes, al sentido particular de cada carta, y ello sin desviarlos de su significación de princi-

pio. El blanco, por ejemplo, síntesis de todos los colores, indica, entre otras matizaciones, lo abstracto, la nada o el reposo; lo abstracto, si la carta lo enfoca como un símbolo de lo universal; la nada o una negación, si se coloca en el punto de vista material y tangible donde lo abstracto no existe; el reposo, si la carta se relaciona con una idea de acción o de inercia. El rojo significa ya el hundimiento del alma en la materia, ya, en un sentido más concreto, la impulsividad de los instintos y las pasiones animales. De ello resulta una multitud de matices que no solo son difíciles de apreciar, sino que además sobrepasan los medios de expresión del lenguaje hablado, por rico que este sea.

Otra dificultad reside en la magnitud de significaciones a que conduce un símbolo determinado. Porque, interpretar un símbolo, es encontrar por analogía la idea que va unida a tal o cual actitud, o tal o cual ámbito; más precisamente, es establecer el paso de lo concreto a lo abstracto; pero este paso va desde el sentido más rastrero hasta el que se alza de la más alta metafísica, y conduce de este extremo al otro por una serie indefinida de peldaños. Consideremos, a título de ejemplo, los cuatro primeros Arcanos del Tarot que forman un conjunto: el Mago, la Sacerdotisa, la Emperatriz, el Emperador, e interpretémoslos ante todo en su sentido superior.

El Mago significa la emanación primera y, en consecuencia, representa las nebulosas y las leyes que presiden su desarrollo. La Sacerdotisa simboliza la matriz universal, y del libro que tiene sobre las rodillas, y que describe todas las combinaciones cósmicas, extrae los ideogramas, los cuales proyecta en el espacio y llegan a ser los gérmenes de los mundos. La Emperatriz es la Parca universal y teje los hilos de los destinos cósmicos con los que el Emperador construye los mundos.

En su significación inferior y concreta correspondiente al trabajo humano, el Mago no es más que una puesta en camino de lo que sea, cuyo resultado está indicado por las cartas que le rodean; la Sacerdotisa se convierte en algo inesperado que surge; la Emperatriz es una gestación, un factor desconocido, cuya puesta al día hay que esperar, y el Emperador es una dominación sobre lo inestable, un poder efímero, un régimen pasajero.

Se puede obtener otra interpretación de las cartas, esta puramente abstracta, interpretando mediante la analogía la significación de los números inscritos en la parte superior de cada carta. El 1 (El Mago) significa el co-

mienzo de todas las cosas, el principio primordial, la actividad tomada en su esencia; el 2 (La Sacerdotisa) constituyó, por el contrario, la esencia de la pasividad, porque las dos unidades que lo componen, desde el punto de vista calificativo, al ser tomadas en sentido inverso, se oponen a ellas mismas. Engendran mediante el choque un movimiento sobre el terreno, una estabilización dinámica, que simboliza toda sustancia con los misterios que contiene, y que debe al efecto de su receptividad a las fuerzas universales. El 3 (La Emperatriz), que caracteriza la noción de «sucesividad» (1 + 1 + 1), simboliza el paso evolutivo de un plano a otro; esto es, en la Trinidad, la corriente que va del Padre al Hijo y del Hijo al Padre por medio del Espíritu Santo. El 4 (El Emperador), ó 2 frente a 2, indica una doble polaridad, que, dependiendo de que se opongan la una a la otra o de que ambas se concilien, se representan por el cuadrado o la cruz, expresando la materia con sus cuatro elementos (el fuego, el aire, el agua y la tierra) o el equilibrio de las fuerzas en acción constructiva.

Entre estos extremos se establecen múltiples transiciones. Paul Marteau no podía ni pensar en abarcarlas todas; tenía que hacer una elección y mantenerse en un estadio accesible al público y susceptible de interesarle. Se detuvo en la vía psíquica, tal y como el Tarot se la ha trazado; es decir, en las oscilaciones del alma humana entre las ataduras de la materia y la llamada de lo divino.

A esta limitación se añadía otra: el Tarot subordina su filosofía a la de los números; es decir, a sus leyes analógicas. La lógica habría querido que Paul Marteau, para hacer comprender sus deducciones, hiciese previamente una exposición sobre la simbología de los números. Procediendo así, habría satisfecho a los lectores preocupados por ver reposar las interpretaciones sobre una estrecha lógica. Aparte de que este trabajo hubiera sido fastidioso por su abstracción, habría exigido un volumen suplementario; así pues, hubo de reducir su exposición sobre los números a lo que era estrictamente indispensable para la comprensión del Tarot.

Por otra parte, la crítica es fácil en un dominio que no admite la forma racional de nuestras ciencias contemporáneas. Por ello, repetimos, Paul Marteau no ha querido emprender un estudio razonado del Tarot en general, ni hacer la crítica de lo que puede haber de bueno o de defectuoso, de completo o de incompleto, en el Tarot de Marsella, ha buscado su significación y la ha expuesto al lector, para permitirle apreciar por sí mismo una obra que la sabiduría humana ha concebido a través de los siglos.

EUGÈNE CASLANT
(de la Escuela Politécnica)

Introducción

EL Tarot es un conjunto de figuras que expresan simbólicamente el trabajo del hombre para llevar a cabo su evolución; es decir, para llegar a los fines inscritos en su destino, evolución que le exigirá luchas, esfuerzos, alegrías y sufrimientos según vaya de acuerdo o no con las leyes universales.

Al haber elegido el Tarot que mejor expresa este destino: el Tarot de Marsella [1] se encontrará en este volumen su interpretación simbólica.

* * *

Las 78 cartas de este Tarot se presentan bajo dos modalidades diferentes, en primer lugar 21 cartas + 1, denominadas tradicionalmente Arcanos mayores, y después 56 Arcanos menores, que se descomponen en cuatro series de 10 cartas, seguidas de cuatro Figuras.

* * *

Para realizar la interpretación simbólica de las mismas, se constata que cada Arcano mayor, salvo el Loco, lleva un número en la parte su-

---

[1] Este Tarot es el editado en 1761 por Nicolás Conver, fabricante de cartas de Marsella, que había conservado los palos y los coloridos de sus lejanos predecesores. Este Tarot es editado actualmente por B. P. Grimaud, que recogió la herencia de Conver, y de este modo pudo continuar la impresión del Tarot tradicional bajo su forma original.

perior, que todos encierran representaciones humanas, animales o materiales en la parte del centro y una denominación en la parte anterior, salvo el Arcano XIII.

*   *   *

Los 10 Arcanos menores de Espadas, de Copas y de Bastos, con excepción de los Ases, llevan un número y ninguna denominación; los 10 Arcanos de Oros, ni número, ni denominación; en tanto que las 16 Figuras que van a continuación no tienen número, sino una denominación genérica.

*   *   *

El número, tomado simbólicamente, revela los principios filosóficos que nos permiten comprender el entramado de la constitución del Cosmos, con sus leyes y sus principios.

Los sentidos que puede tomar cada número son infinitos; la comparación del principio representando por el número con la figura permite precisar el punto de vista bajo el cual ha sido contemplado y, en contrapartida, da las bases de interpretación de la naturaleza de los colores, de la disposición relativa de los objetos y del sentido particular que ha presidido en la representación de la carta.

*   *   *

Los colores de la ropa de los personajes que pueden resultar incoherentes, o las ingenuidades aparentes del diseño de las figuras del Tarot, no son, como parecen suponer ciertos comentaristas, errores o negligencias, sino que ocultan un simbolismo muy preciso que no hay que renunciar a descubrir.

*   *   *

Por último, la denominación, en razón de su carácter específico, simboliza el lado concreto y tangible que puede tomar la carta cuando su principio sea dado por el número. El estudio de esta denominación permitirá, por tanto, precisar el sentido material, físico, de la carta.

* * *

Así pues, cada arcano mayor se estudiará en el siguiente orden:

— Sentido analógico del número particular en relación específica con la carta o principio.
— Sentido abstracto [2] derivado, que da el carácter general de la carta.
— Traducción del simbolismo propio al principal objeto de la carta.
— Desarrollo de los detalles mediante la interpretación de los atributos, de los colores y de las particularidades de la carta.
— Orientación de la figura.
— Significación de la denominación empleada para la carta, aplicación de este sentido en el modo concreto, estando subordinada esta significación al sentido abstracto.

Dándose en número mucho más considerable las significaciones positivas que pueden ser determinadas, habrá que limitarse a dar algunas indicaciones en cada uno de los elementos del ternario humano, a saber: «el mental»; o la inteligencia; «el anímico», es decir, las pasiones emotivas; por último, «el físico», el lado utilitario de la vida.

Después, como todo tiene su contrario, se evocará la significación que ofrezca la carta, cuando está invertida.

Se terminará dando la definición del Sentido Elemental de la Carta.

* * *

Al encontrarse modificadas por los Arcanos menores las condiciones en que los Arcanos mayores han sido estudiados, un nuevo estudio

---

[2] Sentido general o de principio, que se denominará abstracto por oposición al sentido material o utilitario, al que se denominará concreto.

del simbolismo de los números, por una parte, y de las denominaciones, por otra, será realizado antes de la interpretación de aquellas.

* * *

El Tarot es un vibrador universal y se convierte en fuente de energía mediante la proyección fluídica de nuestro pensamiento.

Al dar las claves simbólicas de las leyes universales que presiden los destinos del hombre, el Tarot permite hacer asociaciones de corrientes y, en consecuencia, prever ciertos acontecimientos por analogía o afinidad.

Para permitir sacar partido de las cartas en este orden de ideas, se presenta finalmente la manera de utilizar las combinaciones del Tarot para deducir de aquí las consecuencias que se refieren a toda preocupación del momento en que se establece la combinación, así como las reglas elementales que permiten hacer deducciones útiles [3].

PAUL MARTEAU
París, 1928-1948

---

[3] El lector tendrá a bien excusar las redundancias y la fraseología un tanto pesada. Es difícil traducir lo abstracto en concreto, permaneciendo fiel a la interpretación de la idea subjetiva. Las diversas palabras que se pueden emplear son poco numerosas y vuelven a encontrarse demasiado a menudo. Puede considerar esta obra como una especie de diccionario, incluso de enciclopedia donde hallará el detalle explicativo de cada carta. *(Nota del Autor.)*

Orientación de las figuras y simbolismo de las partes del cuerpo [1]

LA orientación de las figuras indica la naturaleza de la acción [2]. Según el personaje esté visto de perfil izquierdo, de frente o de perfil derecho, existe meditación, acción reflexiva, acción directa o evolución; es decir, arrastre de la acción. En pie indica trabajo latente y actúa de modo activo: actividad, mando, energía. Sentado, su acción se ejercita de modo pasivo: inercia, resistencia o elaboración interna.

En esta interpretación la cabeza juega el papel principal, porque indica la tendencia o la voluntad; si, por ejemplo, el cuerpo está de frente y en pie, pero la cabeza vuelta a la izquierda, como en El Mago, hay reflexión antes de proceder a la acción, que se prepara para ser directa.

La CABEZA en el Tarot expresa la voluntad, el mando. La CABEZA DESCUBIERTA corresponde a figuras que no expresan la voluntad en lo físico, porque en el ser material, el tocado, la voluntad se manifiesta en un orden de ideas simbolizado por este; por ejemplo, una corona representa una radiación más grande, tomando su origen de planos más sutiles, a causa de los florones que constituyen centros de atracción. La voluntad es más impersonal en los otros tocados que representan las cosas engendradas por la voluntad personal.

Los CABELLOS expresan emisiones fluídicas. Si son incoloros, no hay una gran fuerza de voluntad, pero si están coloreados, hay una manifestación más grande de lo mental. De color oro, representan una realiza-

---

[1] Las indicaciones dadas son de origen general, pero pueden ser atenuadas o acentuadas por ciertos detalles del vestuario del personaje.

[2] Ver la nota 1, pág. 37.

ción mental más formal, más concreta; de color azul, la fuerza está encerrada en lo espiritual y tiende a disminuir. Los CABELLOS SUELTOS son el índice de una gran fuerza de voluntad. Los CABELLOS RECOGIDOS no tienen un sentido particular; la manifestación voluntaria está más contenida; por ejemplo, «La Justicia», que es un mental muy realizador.

La BARBA indica la voluntad, una condensación voluntaria y más particularizada.

El CUELLO tiene una interpretación entre lo mental (cabeza) y lo anímico (pecho); DESCUBIERTO indica una comunicación simple entre ambos planos; CUBIERTO refuerza, según su color, la diferencia entre la intensidad anímica y la intensidad mental. Debe estar protegido en la base para evitar el dejarse ir demasiado y la falta de apoyos. Completamente descubierto representa libertad e independencia.

El BUSTO representa el lado anímico; botones y adornos son enriquecimientos anímicos, particularidades; si el traje es de dos colores, lo anímico tiene un doble sentido. Todo el busto representa lo anímico, con su parte espiritual por el pecho, y su parte material por el vientre, como el amor maternal y los instintos.

La CINTURA es una razón en lo anímico: el ser no se abandona e impone un razonamiento a sus tendencias.

Los BRAZOS determinan las acciones inteligentes, razonadas; son intérpretes de lo mental y de lo anímico (el color indica si lo mental aventaja a lo anímico). El BRAZO IZQUIERDO es la transmisión de mensaje anímico altruista y afectivo, el psiquismo le dirige. El BRAZO DERECHO transmite las decisiones, las voluntades, las esperanzas, el llevar a la acción. El BRAZO CAÍDO significa una acción que ha producido sus frutos o un impedimento para actuar: el brazo caído del Mago subraya su indecisión y su humildad. El BRAZO ELEVADO indica la conexión con lo alto, la captación de fuerzas. El BRAZO SOBRE LA CINTURA, a medio cuerpo, representa la circulación entre lo anímico y lo físico, como para desligarse o dejarse llevar, o como para decidir algo.

Las PIERNAS indican la realización mediante la acción. Si el ser está parado, la acción toma asiento; cruzadas, representan la espera, el *statu quo*.

Si un PIE está en el aire, como sucede con el Emperador, esto indica una partida y una toma de decisión.

ARCANOS MAYORES

EL MAGO

Principio

EL número 1, expresión de la positividad universal, simboliza el principio primordial creador, en el seno de sus múltiples realizaciones. La manifestación de este poder, situada en el origen de todas las cosas, le hace engendrar, mediante su repetición, todas las fuerzas activas y pasivas universales, de las que los demás números son la representación. Estos son los que particularizarán y caracterizarán objetos y fenómenos del mundo sensible.

Sentido general y abstracto

En el estudio que viene a continuación, el primer Arcano del Tarot, mediante su llamada a la positividad primera, debe despertar en nosotros la imagen de una fuerza activa y creadora. Por ello, está representada por un hombre en pie, rodeado de ciertos atributos que le permiten ejercer su actividad.

Esta primera carta expresará, pues, en su simbolismo: *El hombre como poder activo y creador.*

Las características de este poder están indicadas por la contexta de la carta, tanto en los detalles de la forma y del ropaje como en la representación de los objetos.

En el alba de su manifestación, el hombre, proyectado sobre la tierra, rodeado de un mundo hostil por naturaleza, se encuentra reducido a una actividad de conservación y de defensa. Esta engendra en él automatismos que se esfuerza en perfeccionar. Esta habilidad adquirida a lo largo de los tiempos, y aún en vías de desarrollo, ha llevado a comparar, en el Tarot, el ser humano a un juglar, forzado, por su situación, a ejercitar continuamente su atención sobre los fenómenos del mundo sensible. Estas tendencias, concretadas, darán a la primera carta el nombre de Mago.

Se observa ante todo que el Mago está sólidamente instalado, con los pies bien asentados sobre el suelo, tiene la influencia magnética del que permanece sumiso. La varita (símbolo, como el cetro, de la autoridad intelectual) que sostiene en su mano izquierda, dirigida hacia el cielo, le permite conservar un contacto con las corrientes superiores que organizan el influjo terrestre, mientras que su mano derecha maniobra, con destreza y discernimiento, los objetos que hay sobre la mesa. Estos son:

— El cuchillo, recuerdo de la Espada, símbolo de esfuerzos, de dificultades y de luchas.
— Las monedas, que representan al Oro, símbolo de las adquisiciones y de las obras a realizar.
— El cubilete, que reemplaza a la Copa, símbolo del amor, de las pasiones buenas o malas, y del sacrificio.
— Por último, la varita, que sostiene en su mano, imagen del Basto, completa las cuatro divisas del Tarot.

Particularidades analógicas

En su generalidad se señalará principalmente que el sombrero, cuyo exterior es verde claro, significa adaptación y fuerza mental; el casquete amarillo u oro: la sabiduría; la orla roja: las pasiones materiales. Su forma en ∞, símbolo de lo infinito, de la vida universal, recuerda que el hombre está sometido a la cadena de las armonías universales de que forma parte.

Los cabellos del Mago, blancos a lo largo y dorados en las puntas rizadas, determinan la inteligencia como fruto de la edad y de la experiencia.

La chaqueta por encima de la cintura es, en la parte izquierda, azul; en la parte derecha, roja, oponiéndose estos colores en la parte de abajo: el azul representa la personalidad psíquica y receptiva, y el rojo, la personalidad pasional y activa, equilibrándose ambas.

El cinturón es amarillo, lazo mental que une sabiduría y espiritualidad, y el cuello es blanco, porque esta espiritualidad debe estar sometida a la inteligencia, representada por la cabeza.

Su brazo izquierdo, rojo arriba, amarillo en el centro y azul abajo, sostiene entre sus dedos una varita amarilla; el brazo es el símbolo del ademán y del poder, y el brazo izquierdo está dirigido por el psiquismo, porque la materia, inerte por sí misma, no se somete sino bajo la dominación del gesto psíquico.

Su brazo derecho, oponiendo la alternancia de sus colores a los del brazo izquierdo, tiene entre sus dedos una bola amarilla que sintetiza el principio de la materia cósmica. Este brazo está caído para señalar que el hombre debe someter su acción, indicada por el lado derecho, a las leyes del Cosmos en el momento en que toma contacto con ellas.

Sus piernas, la izquierda azul, calzada de rojo, y la derecha roja, calzada de azul, indican que debe dominar los elementos mediante el equilibrio psíquico y activo.

La esfera que sostiene la mano derecha, y tal como está representada, se manifiesta tanto bajo la forma de un disco como de una bola. El Mago engendra la ilusión y la puede mostrar a su antojo, plana o esférica. La bola representa un estado de continuidad; al mostrarla en disco, el Mago la limita, y este estado le da así el sentido de Inteligencia humana, mientras que como esfera es una expresión de la Inteligencia divina. Puede, con sus poderes, presentarla en un sentido o en el otro. Dicho de otro modo, puede detener la inteligencia y limitarla en el plano físico, y no puede hacerlo en el plano psíquico; por eso muestra la bola bajo sus dos aspectos.

La mesa, de color carne, simboliza que las operaciones del Mago se realizan mediante el soporte de la materia viviente.

El saco de las cosas es amarillo: esparcidos, los objetos tienen su propio destino, pero reunidos en el saco pierden su individualidad y reconstruyen la unidad, formando un todo sintético, presidido por lo mental.

El vaso amarillo representa el poder mental. Puede contener las 3 piezas amarillas, trinidad expresiva del elemento mental, y las 4 piezas rojas, separadas en 2, para simbolizar la doble polaridad que constituye los 4 elementos, principio de la materia.

El empleo aislado de las piezas rojas responde a la codicia, a la sola búsqueda de la riqueza; el empleo aislado de las piezas amarillas denota el trabajo de lo mental superior. La utilización simultánea de las 3 piezas amarillas y de las 4 piezas rojas forma un septenario que da la radiación y la fuerza de la inteligencia divina aliada con lo temporal.

Los dados, imagen del azar, son amarillos, para mostrar que la inteligencia divina interviene siempre y que no existe el azar. Los puntos inscritos sobre estos señalan aquello que el hombre llama azar, pero es la combinación de números que obedecen a leyes profundas, lo cual hace que aquél desaparezca.

El cuchillo representa el objeto que podría cortar el hilo de la vida, pero el color azul del mango indica que solo puede actuar en el aspecto anímico, porque el hombre puede ser el amo o el esclavo de su destino, según el estado de su alma. Su funda, igualmente azul, precisa la libertad de servirse o no del cuchillo. Si el hombre vuelve a envainar el cuchillo, renuncia al poder de eliminar los sentimientos defectuosos y se convierte en esclavo de sí mismo.

El cubilete rojo es el poder temporal de las combinaciones; los dados están aparte, como el cuchillo fuera de su funda.

El suelo, amarillo, representa las energías que es preciso captar; el Mago debe apoyarse en la inteligencia, y de esta sacará la fecundidad simbolizada por la florescencia verde.

Estos elementos le dan la posibilidad de evolucionar la materia por medio del espíritu; pero, a cambio, le obligan a luchar contra las fuerzas ocultas adversas. Si se apoya en la sabiduría, estas le dejarán conservar su equilibrio, y de este modo podrá dominarlas en lugar de ser su juguete.

Orientación de la figura

La actitud del Mago en pie, su cuerpo de frente, su cabeza vuelta hacia la izquierda [1], indica que la reflexión debe preceder a la acción directa. Compara, hace una elección, antes de actuar.

Sentido particular y concreto

La denominación de la carta «El Mago» (o «El Cubiletero») significa posibilidad de hacer juegos malabares con varios objetos; es decir, manejar las circunstancias con destreza y hacer una elección conveniente.

Significaciones utilitarias en los tres planos

MENTAL. Facilidad de combinaciones, apropiación inteligente de los elementos y de los sujetos que se presentan al espíritu.

ANÍMICO. Psíquico material; es decir, con tendencia hacia la búsqueda de la sensación, representada por el vigor del personaje y por su cualidad de creador. Generosidad unida a cortesía. Fecundidad en todos los sentidos.

FÍSICO. El verde del gorro indica, en este plano, en caso de cuestión interesante la salud: fuerte vitalidad y poder sobre las enfermedades de orden mental o nervioso: obsesión o neurastenia.

Esta carta proporciona una tendencia favorable, pero al no ser explícita no indica la curación. Para juzgarla será preciso considerar la carta vecina. Tendencia a la dispersión en la acción, a la falta de unidad en las operaciones (indicada por la infinita diversidad de las combina-

[1] Para el examen de posición de cada figura, la situación queda determinada en relación con el observador; por ejemplo, la cabeza del Mago se considera como vuelta hacia la izquierda cuando, en la realidad del dibujo, está mirando hacia su derecha.

ciones realizables con los objetos que aparecen sobre la mesa). Titubeo.
Indecisión. Incertidumbre en los acontecimientos.

Invertida. Discusiones, disputas que pueden hacerse violentas,
visto el vigor del personaje; orientación defectuosa en la acción, operaciones aciagas.

*   *   *

En resumen, en su sentido elemental, El Mago representa al hombre
en presencia de la Naturaleza, con el poder de manejar sus corrientes.

ARCANO II
LA SACERDOTISA

Principio

Eʟ número 2 es igual a 1 + 1. Siendo la unidad el origen de los números, puede engendrar por adiciones sucesivas una serie creciente que, en consecuencia, es positiva, o una serie descendiente negativa.

Si ambas unidades representan una misma dirección, hay choque y detención en el movimiento. Si tienen dos direcciones contrarias, hay polaridad, origen de un movimiento y fundación de algo fecundo.

El número 2 sintetiza estos dos puntos de vista, uno de parada y el otro de movimiento, simboliza la naturaleza fecundable que generalmente es definida como detención y plasticidad.

Sentido general y abstracto

La figura del Arcano II representa una imagen tosca bajo la forma de una mujer cubierta de velos, que lleva una tiara y que corresponde así a la naturaleza fecundable universal santificada; es decir, llevando en ella, en estado latente, la potencia cósmica de producción.

Puede ser considerada como *la esposa divina, por sus posibilidades de engendrar eternamente y de crear las realidades ilusorias de la maya.*

Por su pasividad en lo espiritual representa el misterio, las cosas ocultas; encierra en ella riquezas que lleva inconscientemente porque no son exteriorizadas. El libro abierto sobre sus rodillas indica que debe ser descifrado, comprendido, más que leído, porque la imagen muestra que ella pone un dedo sobre el libro sin mirarlo, como un ciego que tantea: es la representación de la infinita posibilidad de la naturaleza.

Esta carta representa, por tanto, lo oculto, la intuición, la comprensión de los poderes de la naturaleza. Es pasiva ante el Mago, pero este no tiene poder sin ella, porque el principio activo se perdería en el infinito si no encontrase el principio pasivo que lo retiene, lo envuelve en su manto protector y modela aquello que quiere crear.

Particularidades analógicas

La significación de los colores del vestuario está relacionada con la del Arcano I. El vestido rojo indica las pasiones dominantes; la capa azul, la espiritualidad realizada en sí, haciendo desaparecer las pasiones, lo mismo que la religión y el misticismo que la cubren y la protegen. El cuello de la capa, su cierre y los cordones amarillos son los lazos que retienen la sabiduría; aportando esta la espiritualidad y sometiendo las pasiones a la inteligencia.

La Sacerdotisa lleva una tiara de oro para mostrar que está iluminada por la radiación solar; es decir, por la sabiduría superior; sus tres pisos, cargados de piedras preciosas, evocan los tres mundos: físico, anímico y mental.

El círculo físico, el más bajo de los tres, lleva rubíes y topacios alternados; los rubíes, en forma de tréboles de cuatro hojas, representan la actividad de la materia terrestre. Los topacios, símbolo del conocimiento de las leyes universales, alternan con los rubíes, pero son más pequeños que estos, lo que significa que la tierra está muy débilmente iluminada por la sabiduría.

El círculo anímico, que está colocado en el centro, lleva esmeraldas que indican el conocimiento en el dominio psíquico, y las dos perlas que las enmarcan la sublimación de los sentimientos, el sufrimiento psíquico que conduce hacia la dicha espiritual.

El tercer círculo, que lleva una cristalina piedra redonda, tallada en diamante, simboliza lo mental puro y señala su forma redonda que su papel es infinito; es decir, sin comienzo ni fin.

Bajo la tiara se encuentra un velo blanco cayendo sobre los hombros: la Sacerdotisa puede y debe ser un símbolo de pureza.

El paño de color carne, detrás de la tiara, muestra que la parte superior de la mujer, símbolo de la pasividad, puede estar oculta por el velo de la materia. Flota en torno a la tiara para hacer comprender toda la inestabilidad y la movilidad del principio femenino ante la rigidez de la sabiduría indicada por la tiara, cuyo carácter es el de ser inmutable y eterno.

La oposición entre el velo blanco y el ropaje oscuro explica que el principio femenino atraiga los instintos sexuales por su necesidad de maternidad, es tanto que sus intenciones inconscientes son puras.

El ropaje puede ser igualmente interpretado como un aspecto de la sabiduría, pero como es inestable y susceptible de quitarse y volverse a poner, no puede representar más que una sabiduría puramente terrestre.

El libro abierto es de color carne para señalar que representa la evolución de la vida en el plano físico, no solo en todas sus modalidades, sino también como herencia y como continuidad de la especie.

La tiara y el libro tienen muy diferente interpretación: el libro abierto muestra que la mujer, tomada como representación de principio femenino, lleva en sí el conocimiento de la naturaleza, pero que puede ser su víctima, en el momento en que se deja cubrir por el velo carne, símbolo de las pasiones que la aprisionan y la hacen esclava; pero puede tener igualmente la percepción de la naturaleza pura si conserva la pureza del velo blanco; entonces puede leer el libro que le revela el conocimiento del pasado, de las leyes de la naturaleza, del manejo de estas leyes, mientras que la tiara le aporta el conocimiento a través de lo alto, marcado por el centelleo de las piedras preciosas.

Sus pies son invisibles porque debe permanecer inmóvil, en razón de su pasividad.

Orientación de la figura

La posición de la Sacerdotisa, sentada, vuelta de tres cuartos hacia la izquierda, determina trabajo, actividad en la concentración, la calma y la meditación.

Sentido particular y concreto

La denominación de la carta «La Sacerdotisa» significa: El principio superior de la naturaleza; es decir, de la materia santificada.

Significaciones utilitarias en los tres planos

MENTAL. Esta carta es muy rica por aportación de ideas. Resuelve los problemas, pero no los sugiere.

ANÍMICO. Es fría, amigable, acogedora, pero no afectiva.

FÍSICO. Situación asegurada, fuerza sobre los acontecimientos, revelación de cosas ocultas, certeza de triunfar sobre el mal. Buena salud, torpeza.

Invertida. Se entorpece, se hace más pasiva; ya no se puede extraer nada de ella, es una carga. Las intuiciones que aporta trastornan su sentido y se convierten en falsas. Demora, detenimiento, torpeza en la realización.

* * *

En resumen, en su sentido elemental, La Sacerdotisa representa la Naturaleza, con sus misteriosas riquezas, que el hombre debe descubrir e interpretar.

ARCANO III

LA EMPERATRIZ

Principio

Eʟ número 3 es igual a 2 + 1; es decir, la unidad o potencia de acción ante la cosa fecunda, que engendra, en consecuencia, la fecundidad.

En efecto, la carta representa una mujer sentada sosteniendo en su mano derecha el águila, símbolo de la imaginación creadora, y en su mano izquierda un cetro, símbolo del poder creador, terminado en forma de globo terrestre, manifestación de su poder sobre la materia.

Sentido general y abstracto

Esta carta define un conjunto armonioso del + y del −, por una actividad en la pasividad de la materia, sobre la que tiene dominio y, en consecuencia, un todo organizado para los fines de producción y de evolución, o sea *la potencia evolutiva de la naturaleza fecundada.*

Particularidades analógicas

El globo de oro del cetro que la Emperatriz sostiene en su mano izquierda, y reposando sobre su brazo, representa el mundo universal, y la cruz que lo corona indica que la espiritualidad debe dominar la materia penetrándola.

El escudo que mantiene firmemente a su derecha soporta un águila amarilla sobre fondo carne. Significa la inteligencia adquirida por sí misma planeando sobre la materia. Por otra parte, su posición contra el busto indica que se inclina hacia el dominio de las grandes intuiciones; pero no siendo el águila más que una imagen sobre el escudo, actúa más bien sobre la imaginación que en la realidad. El escudo, al ser móvil, determina que puede ser abandonado o utilizado para protegerse a voluntad.

La Emperatriz está sentada porque representa el poder del mundo físico, que es un estado de cosas inamovible, y sus pies invisibles, como en la carta precedente, son la confirmación de ello. Su sitial macizo muestra, por medio de su color carne, que no supone para ella un apoyo momentáneo, sino una estabilidad definitiva, porque representa la raíz de la vida física.

Su corona de tres círculos de oro sobre un fondo rojo, precisa el poder mental. Está abierta para permitir a lo mental penetrar por intuición en el mundo material, indicado por el fondo rojo de la cofia.

Su collar de oro está compuesto de triángulos, simbolizando cada uno de ellos: inteligencia, materia y espiritualidad, que significan por su multiplicidad que la inteligencia superior debe manifestarse materialmente y la materia manifestarse espiritualmente en todos sus dominios, debiendo el todo formar solamente uno. El collar representa la estrecha subordinación de estos tres estados, que para ser perfectos no deben ni pueden ser separados.

El cinturón de oro es la demarcación entre la materia de la parte inferior no inteligente y la de la parte superior, dominada por la inteligencia. La medalla de oro con un triángulo, que la une con el collar, quiere decir que cuando la materia es dominada por la inteligencia, la espiritualidad emana de ella, formando un todo.

Nos encontramos también, como en la carta precedente, con el vestido rojo: las pasiones dominantes; y por encima, pero solo hasta las rodillas, la túnica azul: la espiritualidad.

El manojito de hierbas amarillas es la indicación de una fecundidad pasiva.

Orientación de la figura

La posición de la Emperatriz, sentada de frente, indica una actividad neta y continua en la pasividad.

Sentido particular y concreto

La denominación de la carta «La Emperatriz» significa el poder pasivo del mundo material.

Significaciones utilitarias en los tres planos

MENTAL. Penetración en la materia mediante el conocimiento de cosas prácticas.

ANÍMICO. Penetración en el alma de los seres. Pensamiento fecundo, creador.

FÍSICO. Esperanza, equilibrio. Soluciones aportadas a los problemas. Mejoría y renovación de situación. Poder de acción irresistible y continuo.

Invertida. Conflictos, discusiones en todos los planos, todo se embarulla y se hace confuso.

Retraso en el cumplimiento de un acontecimiento cualquiera, y no obstante inevitable.

* * *

En resumen, en su sentido elemental, La Emperatriz representa el poder fecundo de la materia puesta a disposición del hombre para sus creaciones.

EL EMPERADOR

Principio

E<small>L</small> número 4 = 2 + 2 = 2 x 2 = 2^2; es decir, las operaciones fundamentales de la aritmética. Es el único número que posee esta propiedad que lo hace sintético y le da la multiplicidad integral de las combinaciones.

Por tanto, 2 se encuentra presente dos veces en 4 con tres características diferentes; dado que, por esencia, el 2 representa la materia como detención y como plasticidad, uno de los números 2 acentúa la noción de parada; en consecuencia, la de la materia propiamente dicha; mientras que la otra cara del número 2 representa la parte activa de esta materia bajo nulos sus aspectos y con todas sus combinaciones.

Por otra parte, se puede considerar a este doble 2 como formando una polaridad en cruz: la una pasiva, activa la otra, que, al conjugarse, aseguran un equilibrio; por tanto, 4 significa una potestad equilibrada en la materia.

Sentido general y abstracto

La Carta IV representa un hombre; por consiguiente, un principio activo, pero que permanece pasivo, puesto que aparece en posición de sentado, y como está claramente de perfil izquierdo, se entrega a la reflexión, a la meditación y al discernimiento de las cosas.

Representa *el poder activo de la materia* y, en consecuencia, sus cambios y sus transformaciones, porque esta actividad no le deja inmóvil. Resulta de una influencia mental subordinada a los principios cósmicos; opera mediante una impresión sobre la consciencia más que por acción directa; genera la vida en el plano anímico y biológico.

El Mago y la Sacerdotisa representan los dos polos del mundo espiritual, la Emperatriz y el Emperador los del mundo material.

La Emperatriz simboliza el imperio pasivo de la materia, y el Emperador su dominio activo. La Emperatriz hace resaltar su evolución, el Emperador manifiesta su puesta a punto. Por tanto, esta carta señala un estado acabado, una realización.

Particularidades analógicas

El sentido del cetro es el mismo que en la carta precedente: la Emperatriz; el globo de oro coronado por una cruz muestra el poder de la materia cuando es penetrada por el influjo espiritual. Este es el signo del conocimiento de la ciencia. Sin esta disposición, el cetro no tendría ningún poder, porque toda ciencia no animada por la espiritualidad es estéril. El Emperador lleva el cetro en la mano derecha porque él es el polo positivo; la Emperatriz, en la mano izquierda, como polo negativo; el conjunto de las dos cartas realiza un equilibrio de los polos. El Emperador sostiene el cetro hacia delante para afirmar su acción, la Emperatriz lo deja reposar sobre su hombro para hacer resaltar su pasividad. El cetro indica, además, en el Emperador, que su pensamiento se hace con precisión y armonía, sin ambigüedad.

El polo positivo representado por el Emperador no puede animar la materia si no conjugado con el polo negativo: la Emperatriz. Por ello, el escudo, símbolo de los poderosos arrebatos de la inteligencia adquirida por el hombre, permanece en tierra junto a él, estando a su disposición aunque no lo utilice, en tanto que la Emperatriz lo tiene contra su vientre, disponiéndose para asegurar el alumbramiento de creaciones materiales.

El águila sobre ambos escudos es casi idéntica, con la diferencia de que en el de la Emperatriz tiene la cabeza vuelta hacia la derecha y en el del Emperador hacia la izquierda, cada uno del lado del cetro, para señalar que la idea que preside los impulsos intelectuales es intuitiva e inspirada en la Emperatriz, y razonada y deseada en el Emperador. Esto queda subrayado por la posición de las alas del águila, dirigidas hacia lo alto en el escudo de la Emperatriz, expuestas natural y simétricamente en el escudo del Emperador, y como, en este último, el águila aporta una inteligencia aplicada a las cosas prácticas, sus patas separadas dejan una fisura, indicando que realiza la unión entre dos partes: engendra un equilibrio.

Mientras que la Emperatriz está sólidamente sentada en un sitial, el Emperador está simplemente apoyado en un asiento pequeño de perfil, color carne, y en una posición inestable para indicar que aunque permanezca inmóvil, está dispuesto a levantarse y no es inamovible como la Emperatriz. Solo tiene un pie en tierra: símbolo de la tendencia a avanzar, a evolucionar, con la indicación de que el polo positivo solo puede tener contactos intermitentes con la materia. Está calzado de blanco, símbolo de la nada, y acentuando, así que no puede caminar: el Emperador que parece debería estar siempre en movimiento, no puede avanzar ni retroceder, presenta «la inmovilidad en la acción», contradicción aparente que quiere decir que, aunque positivo, es decir activo, está en la materia que es profundamente negativa y le retiene en el sitio, como ha sido señalado en el párrafo precedente. Su cuello blanco, cerca de su cabeza, es el indicio de que puede alcanzar la inteligencia por sí mismo y confirma su esterilidad si permanece aislado. Este cuello blanco marca también la separación entre la cabeza y el cuerpo, precisando que, en la materia, la caída viene por la cabeza, el Principio Animador.

Su corona, semejante a la de la Emperatriz, tiene el mismo sentido.

Su collar consiste en un reinal dorado; este lazo trenzado significa una ligadura y no una esclavitud, como el de la Emperatriz. Muestra que el polo positivo, al no ser un estado de espiritualidad, no puede tener más que un frágil vínculo con lo espiritual. El anillo unido al collar representa el círculo y su principio, al que debe subordinarse el Emperador para establecer las realizaciones.

Su vestuario, túnica y calzas es azul rematado de blanco en el cuello y en los pies, lo que denota un estado latente en la espiritualidad, pues el azul de la pierna muestra que siempre puede ir hacia ella y alcanzarla. Su manto rojo indica que se envuelve en la materia de la cual es un animador.

Agarra su cinturón amarillo con su mano izquierda para mostrar que puede, a través de una toma de contacto psíquico, asir, comprender el nexo que comunica la inteligencia con el plano material, y utilizarlo para ejercer su dominio sobre el mundo material. El manejo de hierbas amarillas tiene la misma significación que en la carta precedente: fecundidad pasiva; el suelo amarillo: el punto de apoyo de la sabiduría.

Orientación de la figura

La posición del Emperador, apoyado en el trono, indica espera en la pasividad antes de una acción, que su pie alzado representa como inminente. Es una realización próxima, y como tal implica un resultado, un cambio: el Emperador decide antes de actuar.

Sentido particular y concreto

La denominación de la carta el Emperador indica a aquel que juzga la acción y que tiene el poder de una carta de aportaciones prácticas y de consejos útiles.

Significaciones utilitarias en los tres planos

MENTAL. Inteligencia equilibrada que no sobrepasa el plano utilitario.

ANÍMICO. Acuerdo, paz, armonía, unión de sentimientos.

FÍSICO. Los bienes pasajeros, el poder pasajero. Firma de contrato, fusión de sociedades, situación conforme. Salud equilibrada pero tendencia pletórica.

Invertida. Resultados contrarios a lo anterior, todo está revuelto, ruptura del equilibrio. Caída, pérdida de bienes, de salud o de dominio.

*   *   *

En resumen, en su sentido elemental, El Emperador representa las energías materiales necesarias al hombre para dar a sus creaciones fugitivas una realidad momentánea.

ARCANO V
EL SUMO SACERDOTE

Principio

EL número 5 = 4 + 1 indica la unidad de acción superior o de conciencia situándose frente a la materia representada por 4; por tanto, tiene el poder de actuar y de sublimar esta materia.

También se define el número 5 como 2 + 1 + 2, siendo mediador el principio unitario entre los dos aspectos del mundo material: el que tiende a la quietud y el que tiende a la acción; entre el que tiende más hacia la negatividad y el que tiende a elevarse por encima de ella, es decir, hacia la positividad. La Carta V, que representa al Sumo Sacerdote ante dos personajes, determina más especialmente el segundo sentido dado al número 5, el de mediador.

Sentido general y abstracto

Este arcano representa *el poder espiritual transmisor de los principios.*

Particularidades analógicas

Va a continuación del Emperador como dominante de esta carta, porque el Sumo Sacerdote representa la inmensidad espiritual que domina los mundos, la espiritualidad en todas las cosas, y sin la que no puede haber ninguna evolución. Sin el Sumo Sacerdote, el Emperador y la Emperatriz serían negativos y resultarían estériles.

El Sumo Sacerdote lleva una tiara idéntica a la de la Sacerdotisa. Su manto rojo, más largo que el del Emperador, indica que su fuerza de acción es más potente y que puede envolverse a voluntad en la materia, realizando de este modo una actividad de manifestación concreta que le permite expresarse en lo físico. Su cenefa es de oro e indica, al limitar lo tangible, que está rodeado de inteligencia. También es el símbolo de la presencia de la chispa divina en lo concreto.

Bajo su manto rojo, aparece vestido con un traje azul que determina un potencial de actividades psíquicas.

El medallón de oro, prendido en el cuello, y en cuyo centro hay un cristal blanco, marca la pureza de intención.

Sus brazos recubiertos de blanco indican su ausencia de acción y hacen ver que esta carta representa un símbolo mental que no puede actuar en el plano físico sino a través del mental.

Tiene una cruz de oro de tres brazos representando los tres mundos: físico, anímico y mental, que simboliza igualmente el dominio sobre lo temporal y el espíritu de sacrificio. Por otra parte, su mano izquierda, revestida con un guante amarillo que lleva una cruz, enseña que no se debe manejar la cruz sin hacer un llamamiento a la inteligencia, señalada con el sello del sacrificio.

Los dos pilares azules situados detrás del Sumo Sacerdote representan la ascensión de la acción mediante el pilar derecho, y el sentimiento por medio del pilar izquierdo; cuando estos dos polos se equilibran por la espiritualidad, se asientan sobre una base sólida que los hace inconmovibles.

Los dos personajes a sus pies simbolizan el dualismo de las fuerzas que hay en el hombre y que pueden volverse hacia el bien o hacia el mal, según se desprendan de la materia o se sumerjan en ella.

El personaje que está a la derecha del Sumo Sacerdote tiene una tonsura amarilla que significa la inteligencia y una corona de cabellos, color carne, que designan el plano físico. Por medio de su mano derecha, vuelta hacia abajo, representa el descenso en la realización de donde desprende la fuerza del bien mediante la espiritualidad, que dirige por la magia blanca o magia lícita cuando se recubre con la inteligencia superior (manto amarillo del personaje) o con la espiritualidad (gorro azul). El capuchón rojo muestra que puede recubrirse con él para protegerse en el plano pasional.

El personaje situado a la izquierda del Sumo Sacerdote, con cabellos y tonsura color carne, representa el trabajo del plano pasional en su elevación hacia el plano espiritual, tal como lo indica su mano izquierda dirigida hacia lo alto.

La estola amarilla intercalada en el manto rojo significa que la vida más baja, para elevarse, debe tener siempre una parcela de inteligencia incrustada en ella; esta es la chispa divina que le permite evolucionar. Su ausencia de sombrero indica que la espiritualidad no puede hacer evolucionar directamente el plano material, y no puede actuar si no por intermedio del mental.

Orientación de los personajes

La posición del Sumo Sacerdote, de frente y sentado, marca la acción directa por el aleccionamiento. Los dos personajes, vistos de espaldas, vueltos en sentido inverso de la marcha, indican detenimiento mediante la sumisión y la atención.

Sentido particular y concreto

La denominación de la carta indica que el Sumo Sacerdote representa a aquel que recibe la inspiración divina y que juzga y enseña con una absoluta equidad.

Significaciones utilitarias en los tres planos

MENTAL. El Sumo Sacerdote, al representar una forma activa de la inteligencia humana, solo da soluciones lógicas.

ANÍMICO. Sentimiento poderoso, afecto sólido, solicitud que no se deja llevar por el sentimentalismo, indica el sentimiento normal tal y como debe ser en la circunstancia que lo acompaña.

FÍSICO. Equilibrio, seguridad en la situación y en la salud. Secreto desvelado. Vocación religiosa o científica.

Invertida. La carta invertida es muy mala: indica los seres abandonados a su criterio y a sus instintos, en la oscuridad, ya que no tiene ningún apoyo espiritual. Proyecto retardado, vocación tardía.

*   *   *

En resumen, en su sentido elemental, El Sumo Sacerdote representa, para el hombre, la obligación de remitirse en sus acciones a las enseñanzas divinas y de subordinarse a sus leyes.

LOS ENAMORADOS

Principio

El número 6 puede escribirse aquí (1 + 2) + (l + 2) para ponerlo en conformidad con las disposiciones de las figuras de la carta. El número 2, por su naturaleza, representa una pasividad fecunda y el principio femenino; por tanto, las dos mujeres constituyen 2 + 2, mientras que el personaje masculino y el arquero constituyen dos unidades: la una en el plano inferior y la otra en el plano superior. (1 + 2) + (1 + 2) representa la doble corriente involutiva y evolutiva que se desprende de la materia o lleva hacia ella.

El conjunto de los elementos de la carta determina una fusión entre lo espiritual y la materia, porque las dos mujeres se concentran en el personaje como una emanación de sus deseos materiales, mientras que el arquero representa la chispa.

Sentido general y abstracto

Esta carta indica *el sentimiento del amor físico engendrando el amor espiritual;* significa también que el amor es el eje de la evolución de los seres y de la creación de las cosas. Cuando brota el amor, el alma se exalta, el espíritu proyecta una chispa hacia lo alto, que actúa inmediatamente en un plano superior. Esto está simbolizado por el arquero, representación del amor tensando su arco en lo *alto* de la carta.

El choque producido por esta chispa dará sus frutos y dejará una huella representada por la flecha; es decir, que el amor, al elevar al hombre por encima de sí mismo, le permite en el plano físico realizaciones extraídas de su propio genio; un músico, por ejemplo, encontrará en él su inspiración; el amor jamás es estéril.

Particularidades analógicas

La interpretación simbólica de los detalles de la carta resalta que los rayos del arquero tienen una luz roja, amarilla y azul alternativamente, porque la radiación del amor actúa sobre todos los planos. El personaje es de color carne para mostrar su acción sobre los fluidos vitales. Su chal es un lazo y una máscara: el lazo muestra nuestra disposición a ligar el amor a la tierra, así como a enmascararlo por una sensación terrestre, cuando siempre es de esencia divina, no pudiendo prender sus raíces en la materia. Está colocado oblicuamente, y no en la cintura, no se puede tener prisionero, por poco que sea.

Sus alas azules muestran que la primera idea de amor es un arrebato hacia el misticismo, y sus cabellos amarillos que la inteligencia del amor eleva al hombre por encima de la materia.

El arco y la flecha indican rapidez y ritmo, porque la flecha es un principio dinámico; son blancos, y por tanto negativos, porque la acción hacia la que tiende el amor es profundamente interna y más bien virtual que real.

La mujer situada a su derecha representa el amor profano, amor que nace del bienestar material; su mano izquierda, que posa sobre el hombro del hombre, y su mano derecha hacia la mitad de su cuerpo, significan que este sufre la influencia de la polaridad sexual, no obstante transitoria, porque la corona que ella tiene en la cabeza es móvil e indica que su dominio es efímero. Sus largas mangas azules, colgantes pero abiertas, indican una tendencia hacia la espiritualidad; pero sus cabellos azules señalan en ella la superficialidad. El efecto sentimental provocado por el atractivo de las satisfacciones materiales no puede durar, porque no es más que un simple espejismo del plano físico.

La mujer colocada a su izquierda representa el amor espiritual y el amor entre los sexos en su estado más noble. Sus cabellos indican el papel solar y la inspiración que emana de este amor. La mano izquierda sobre el pecho del hombre muestra el origen del amor superior en el corazón. Su mano derecha hacia abajo significa que hace evolucionar la materia. Su manto azul afirma su papel espiritual, y su vestido azul orlado de rojo demuestra que adapta la acción sexual a la espiritualidad. Sus brazos blancos determinan la exaltación que ejerce sobre todos los planos mediante la síntesis armoniosa que engendra en toda la gama de los sentimientos.

El hombre personifica lo que está en evolución en todo el Cosmos; es decir, todo está sometido a la ley de atracción de amor. Se la ha simbolizado por un hombre, representando este el grado más elevado de la escala que conduce a la más alta espiritualidad. Su túnica bordeada de rojo indica el lado instintivo del amor; el dibujo de rayas azules, amarillas y rojas hace resaltar las vibraciones variadas del amor que se infiltra en los diferentes planos. El amarillo de sus brazos y su mano muestran la tendencia activa, provocada por la inteligencia hacia el amor divino. Su mano derecha está sobre su cinturón amarillo, lo que significa que ha separado claramente el amor espiritual del amor instintivo mediante una acción voluntaria. Sus cabellos, amarillos, muestran que la inteligencia debe dominar y guiarle en el plano físico. Son amarillos, como la corona de la mujer de la derecha, pero representan una inteligencia que forma parte integral del hombre, y no temporal.

El suelo amarillo representa el deseo despojado del sentimiento y reducido a lo mental, residiendo la base evolutiva de esta carta en la inteligencia; es ondulado, indicando de esta forma la oscilación del instinto hacia el amor.

Orientación de los personajes

El arquero vuelto un cuarto hacia la derecha determina el factor evolutivo, conduciendo al hombre hacia su transformación constante, su evolución incesante; la mujer coronada, con perfil hacia la derecha, impele hacia la acción continua; aquella cuya cabeza está vuelta hacia la izquierda, siempre mirando de frente, incita a la vida interior, precediendo a una acción directa. El hombre, de frente, con la cabeza un poco a la izquierda, decide la elección después de la reflexión, y el conjunto representa una carta muy compleja para la acción.

Sentido particular y concreto

La intervención de la polaridad sexual del ser humano en toda actividad que está llamado a manifestar, así como su acción en el discernimiento que está obligado a efectuar para dirigir su *vida,* ha hecho que se dé a esta carta la denominación de «Los Enamorados».

Significaciones utilitarias en los tres planos

MENTAL. Amor a las bellas formas en las artes plásticas.
ANÍMICO. La abnegación y los sacrificios.
FÍSICO. Los deseos, el amor, el sacrificio al país, así como todo sentimiento fuerte en el plano físico. Carta de unión, de matrimonio. Representa, para el (o la) consultante, la infidelidad o, en ciertos casos, una elección a hacer.

Invertida. Desorden, escisión (en lugar de fusión), ruptura, divorcio.

* * *

En resumen, en su sentido elemental, Los Enamorados representa el aguijón del deseo, que incita al hombre a unirse con lo Universal, en la armonía o el desequilibrio, según que se sacrifique por él o que quiera absorberlo en su provecho.

ARCANO VII

EL CARRO

Principio

EL número 7, como impar, representa una actividad y, por su número, los 7 estados de todas las cosas, como las 7 notas de la escala musical, los 7 colores. Está representado en la carta por 3 + 3 + 1; estando constituido el primer ternario, de orden material, por el carro y los dos caballos; es decir, por una masa y dos polos dinámicos; el segundo ternario, de orden espiritual, está definido por las dos máscaras y el hombre propiamente dicho, que indica sus dos apariencias y su realidad; finalmente, la unidad por el cetro, que es su medio de acción. Esto volverá a surgir en el curso de la descripción de los atributos de la carta.

Sentido general y abstracto

Este arcano representa *la puesta en movimiento en los siete estados;* es decir, en todos los dominios.

Particularidades analógicas

La Emperatriz y el Emperador representan los dos polos del poder material, tomados en su principio, es decir, en sí mismos y fuera de toda puesta en acción; el Carro es el vehículo físico del hombre; es también una expresión del poder material, y más particularmente de la acción ejercida por el hombre sobre la tierra, y simbolizada por el personaje que figura en esta carta.

Viene detrás del Arcano VI, porque el amor, cuando es una chispa divina, da a la humanidad el poder necesario para producir sus manifestaciones en el mundo material.

El cetro, rematado en dos esferas, símbolos de la materia cósmica, manifiesta el poder que el hombre, al nacer, posee sobre esta materia.

La corona de oro tiene un mismo significado de realeza; pero, mientras que el cetro sostenido en la mano expresa el poder de derecho, el que la corona representa es mental e inestable como ella. Este poder se ejerce sobre el aspecto que presentan los 4 elementos de la misma materia cósmica, como lo indica el cuádruple triángulo de 4 pequeñas esferas que rematan la corona.

La coraza azul, metálica, indica que la humanidad, en su marcha ascendente y peligrosa a través de la materia, debe revestirse sólidamente de espiritualidad para protegerse. Es blanca en la parte superior, junto al cuello, y amarilla en la parte inferior, porque esta espiritualidad debe ser dirigida por la inteligencia, que aquí es de naturaleza divina, puesto que forma parte de la coraza.

Las etapas de esta marcha, así como los estados interiores que la acompañan, están indicados por los detalles grabados en la coraza. En efecto, se advierten 15 puntos, separados en tres series por cheurones, estando compuestas las dos primeras por seis puntos, que forman en total el número 12, representando simbólicamente la evolución, y forman una polarización que opone el psiquismo superior al psiquismo inferior o el espiritual a las pasiones y haciendo evolucionar al uno mediante el otro. La tercera serie es a base de tres puntos representando los elementos que sirven como bases al psiquismo de los 12 puntos, que son: los apetitos, respondiendo a su cara inferior; los sentimientos, a su cara central e íntima; los deseos, a su cara superior o mental. Los cheurones están aislados uno de otro para indicar que los puntos del psiquismo inferior, señalados sobre el cheurón de debajo, no sobrepasarán su plano, que es de orden físico, representando esos puntos las posibilidades espirituales del ser humano encarnado, posibilidades que al estar limitadas por el plano físico no pueden extenderse a lo abstracto. Por el contrario, el cheurón inferior define, mediante su posición en lo azul, un plano que permite al cuerpo físico penetrar en los arcanos del psiquismo; el cheurón superior manifiesta otro plano en el que se eleva lo bastante para sobrepasar los arcanos de la vida física, entrar en el plano mental, y así, permitir al espíritu evadirse del cuerpo. En suma, estos cheurones indican los dos planos espirituales posibles en un estado físico.

Los cuatro puntos que figuran en el borde inferior amarillo de la coraza representan los cuatro estados que nacen de la espiritualidad en el plano físico.

La coraza está hecha de tres partes superpuestas, para mostrar que, según su evolución, el hombre puede elegir una parte de la coraza y abandonar la otra, o bien revestirse con sus tres partes y entrar en posesión completa de la protección espiritual que esta le confiere.

Bajo esta coraza se encuentra una túnica roja, representando la materia que, necesariamente, el hombre debe atravesar para evolucionar.

La manga derecha, roja, significa que extrae su fuerza activa de la materia, y la manga izquierda, amarilla, que se cubre de estados pasivos de inteligencia. Las banditas, rojas, que parten de la máscara del hombro izquierdo, simbolizan la materia que el brazo amarillo debe desgajar, distender por medio de la inteligencia.

Las dos máscaras colocadas sobre sus hombros muestran que el rostro del hombre encarnado pesa sobre él y no es más que una creación fugitiva. Hay dos: la que se crea en el presente y la del pasado que vuelve a encontrar; pero no tienen más importancia la una que la otra, por ello es por lo que son pequeñas. Son rojas porque han sido creadas por las pasiones del hombre, y rodeadas de amarillo, porque este puede proporcionarles vigor a través de su propia inteligencia, asignándoles así una vida momentánea: dicho de otro modo, cada hombre abandona un rostro que su inteligencia puede volver a encontrar, o más exactamente recrear; pero esto no tiene ninguna importancia en el tiempo.

Esta dualidad de dos máscaras responde a la cara interna y a la cara externa del hombre, la primera por la máscara izquierda, lado psíquico, la segunda por la máscara derecha, lado de la acción. Su horizontalidad, señal de pasividad, las sitúa en las regiones íntimas del hombre, y los pliegues de paño indican, además de lo que ya se ha dicho, los fluidos emanados del psiquismo, fluidos que penetran en la materia y de este modo dan a la máscara un punto de apoyo sobre ella.

Los cabellos amarillos del personaje determinan el papel superior de su propia inteligencia.

El carro simboliza las corrientes que arrastran al hombre y le obligan a una actividad incesante. También significa que el hombre se halla encerrado en sus pasiones por una estabilidad totalmente relativa, puesto que esta es arrastrada y le lleva con ella. Los pilares, en su separación, hacen ver que puede evadirse hacia lo alto y que permanece sobre su vehículo solo en virtud de la pasividad que le mantiene en la materia. Estos, rojos delante y azules detrás, representan el equilibrio entre la espiritualidad y la materia que hace avanzar a la humanidad.

El dosel color carne, o velo de vida física, al estar debajo de él, cubre el cielo, pero no obstante sigue siendo lo bastante ligero para que sea alzado si se quiere.

Las ruedas del carro, color carne, simbolizan los ciclos de las vidas. Los 12 clavos visibles sobre la rueda representan las 12 etapas de evolución que el hombre debe recorrer a través de sus vidas, así como las 12 formas de tentación que pueden asaltarle en el curso de la evolución. La actividad anímica, polarizada en materia, está representada por el caballo rojo, y la polarizada en espiritualidad por el caballo azul.

El suelo, amarillo, indica que el hombre solo avanza apoyándose en la comprensión de lo divino, y los manojos de hierbas, verdes, son la imagen de las esperanzas que hace nacer con el progreso de su marcha.

Orientación de los personajes

La posición, de frente, del personaje señala que su acción debe ser directa, y las cabezas de los dos caballos hacia la izquierda indican que la intuición es necesaria para el progreso.

Sentido particular y concreto

La denominación «El Carro» ha sido dada para indicar una masa tangible que, al avanzar, simboliza una idea de puesta en camino y progresión; más generalmente, son las corrientes materiales que arrastran al hombre y le obligan a estar siempre en movimiento.

Significaciones utilitarias en los tres planos

MENTAL. Realización, pero sin gestación ni inspiración; dicho de otra manera, una puesta en forma.

ANÍMICO. Afecto manifestado, protector, benéfico, servicial.

FÍSICO. Gran actividad, rapidez en las acciones. Buena salud, fuerza, superactividad.

Desde el punto de vista monetario: gastos o ganancias, movimiento de fondos. También significa noticia imprevista, conquista. Igualmente puede ser interpretada como propaganda mediante la palabra y, según su lugar, buenas palabras o calumnia.

Invertida. Mala carta; indica desorden en todas las cosas por actividad negativa cuyos efectos son difíciles de recuperar. Accidente que temer. Malas noticias.

*   *   *

En resumen, en su sentido elemental, El Carro representa la peligrosa travesía del hombre por la materia para alcanzar la espiritualidad, mediante el ejercicio de sus poderes y el dominio de sus pasiones.

ARCANO VIII
LA JUSTICIA

Principio

E<small>L</small> número 8 puede descomponerse en (2 + 2) + (2 + 2) o 2 x 4. El primer grupo indica una polarización del número 4, es decir, el cuaternario visto como activo-pasivo y, en su oposición, como espíritu y materia. Por otra parte, al ser el 4 esencialmente material, puede decirse, mediante 2 x 4, que el 8 es un equilibrio material desarrollándose entre la pasividad de la materia y su actividad.

Sentido general y abstracto

Este arcano es *la representación de la inteligencia cósmica penetrando en el plano de las realizaciones en un punto de coordinación.*

Por ello viene a continuación del Carro, para inspirar a la humanidad la noción de equilibrio y regular el debe y el haber del hombre en el curso de su evolución.

Particularidades analógicas

La carta está representada por una mujer, cuyos pies son invisibles, sentada sobre un asiento amarillo, importante y sólido, porque la justicia cósmica, que proviene de lo divino, es inmutable, impasible y basada en la inteligencia. Su espada, sostenida con la mano derecha, colocada contra el borde superior del asiento, y cuyo pomo reposa en su rodilla, indica implacabilidad, vigor y rectitud, es la cuchilla presta a golpear apoyándose sobre la base misma de la justicia, y su color amarillo determina que representa una sanción aplicada con la inteligencia y sin espíritu de venganza.

La balanza denota su capacidad de juzgar en la materia; es amarilla como el brazo que la soporta, y la pesada está hecha inteligentemente.

Su cabeza está completamente envuelta en un tocado amarillo. Esta protección le evita la mezcla de pensamientos en las cuestiones que ha de juzgar, precisando así que la justicia se halla totalmente cerrada, es decir, fuera de toda influencia y de todo ataque, y que no es inteligente por sí misma, sino por la inteligencia de todos aquellos que realizan ellos mismos su debe y su haber. Su soberanía se afirma aún más por la corona de oro que remata su tocado y el círculo central en forma de ojo, simbolizando su mirada, a la que el hombre no puede escapar, al tiempo que la rectitud de su juicio.

El collar y el cordón de oro reunidos que lleva sobre el pecho muestran la parte de humanidad que aporta a su juicio, quedando todo encadenado por la ley del equilibrio.

Su vestido rojo y su manto azul representan las actividades pasionales de los planos anímicos y físicos de que se reviste para realizar sus juicios.

Los manojos de hierbas amarillas indican la fecundidad pasiva, y el suelo amarillo el punto de apoyo de la sabiduría.

Orientación del personaje

Está rigurosamente de frente; es la única carta que se presenta de esta forma; implica la acción directa en su plenitud, pero a través del trabajo interior, al estar en la posición de sentada.

Sentido particular y concreto

La denominación «La Justicia» le ha sido dada por representar el juicio de las actividades que el hombre ha desplegado para bien o para mal en el curso de su travesía por la materia, indicada por el arcano precedente.

Significaciones utilitarias en los tres planos

MENTAL. Claridad de juicio, consejos para valorar con justicia, saber participar de las cosas y apreciar las eventualidades.

ANÍMICO. Sequedad, aporte estricto de lo debido, posibilidad de cortar lazos afectivos, divorcio, separación. Esta carta constituye un principio de rigor.

FÍSICO. Proceso, rehabilitación, justicia hecha. Equilibrio de salud, pero con plétora, a consecuencia de la inmovilidad de la carta.

Invertida. Pérdida, condena injusta, proceso con condena. Gran desorden, gentes víctimas de hombres solapados.

*   *   *

En resumen, en su sentido elemental, La Justicia representa el juicio impuesto al hombre por su conciencia profunda, para apreciar el equilibrio y el desequilibrio engendrados por sus actos, con sus consecuencias felices o dolorosas.

ARCANO IX
EL ERMITAÑO

Principio

EL número 9 = 3 × 3, es decir, 3 ternarios secundarios incluidos en un ternario general. Estos ternarios corresponden a los 3 planos cósmicos, que se pueden traducir, ya por las expresiones: físico, anímico y mental, ya por los términos: vida, amor y luz.

Los ternarios secundarios toman un reflejo de cada uno de los elementos del ternario principal; están envueltos en ellos, pero son distintos; así el amor comprende vida y luz, y la luz es vida y amor. Sin la vida, el amor no se manifiesta y, sin luz, no se ilumina. Igualmente, lo anímico presenta un carácter físico y mental: sin lo físico, lo anímico no podría concretarse; sin lo mental, quedaría incoherente y desprovisto de todo freno.

El conjunto de estos ternarios, es decir, el número 9, implica la coordinación perfecta de todos estos elementos.

Sentido general y abstracto

Este arcano representa *la sabiduría refractándose en la materia,* sabiduría en la que se encuentra la verdad, muy profundamente velada y oculta a los ojos humanos. Es amor y luz al entrar en la materia de la vida.

Particularidades analógicas

Esta carta va a continuación de la Justicia como búsqueda de la verdad, indispensable para hacer justicia.

La linterna, alternativamente amarilla y roja, que tiene el ermitaño en su mano derecha indica que esta búsqueda debe efectuarse tanto en el dominio de la luz como en el de la espiritualidad. La parte de arriba de la linterna, totalmente amarilla, muestra que esta búsqueda está guiada por la inteligencia. Está contra el manto y a medio cubrir, porque no debe iluminar bruscamente. Como la luz no puede encontrarse sino en el propio recogimiento, el manto que le envuelve es su símbolo. Es azul, forrado de amarillo, porque la espiritualidad debe ser interiormente inteligente. Aquel que la busca sin inteligencia no la encuentra; pero el forro amarillo que aparece en una esquina del manto, a la izquierda del Ermitaño, está allí para indicar que esta inteligencia no está tan disimulada que el hombre no pueda verla, porque tiene necesidad de ella para evolucionar.

El traje rojo, bajo el manto azul, indica que el hombre siempre está impregnado de materia y que es allí donde debe buscar la verdad. Este ropaje interior representa, por tanto, un estado material inevitable con el cual está obligado a cubrirse, mientras que el manto es una vestidura que se pone a voluntad, según su propósito y su grado de evolución.

El capuchón rojo significa que la verdad parece mezclarse íntimamente con la materia, estando esta siempre en relación con la inteligencia; pero la borla amarilla que lo remata muestra que la inteligencia termina siempre por imponerse, cualquiera que sea el problema. Por otra parte, este capuchón simboliza estados de materia momentánea a los que se puede rechazar rápidamente, a voluntad.

El bastón color carne, que toca el suelo, indica la correspondencia del ser con el plano físico por medio de sus fluidos vitales. Significa igualmente que el camino es duro de escalar y que el hombre a menudo tiene necesidad de una ayuda, que toma del mundo físico.

Los cabellos y la barba del Ermitaño son color carne, porque evoluciona mediante el juego receptivo y activo de sus fluidos.

El suelo amarillo, estriado de líneas paralelas, indica que siempre debe orientarse hacia un mismo fin, que es el de la iniciación divina.

Orientación del personaje

Está en pie, de perfil, con la cabeza vuelta casi de frente. Se orienta hacia la acción directa en pensamiento, pero con reflexión. La tendencia de su marcha se hace hacia la calma y la meditación y, por su estacionamiento en pie, implica un trabajo señalado.

Sentido particular y concreto

La denominación «El Ermitaño» le ha sido dada como representante del recogimiento sobre sí mismo para examinar el resultado de las actividades que la Justicia ha sancionado.

Significaciones utilitarias en los tres planos

MENTAL. Aportación de luz para iluminar y resolver un problema cualquiera. Esclarecimiento que vendrá espontáneamente.

ANÍMICO. Aportación de soluciones. Coordinación, aproximación de afinidades. También significa prudencia, no con idea de temor, sino para construir mejor.

FÍSICO. Secreto que será desvelado, luz que se hará sobre proyectos todavía ocultos.

En la salud: Aportación del conocimiento del estado de salud con el consejo del remedio.

Invertida. Oscuridad, concepción falsa de la situación, esfuerzo para remontar la corriente.

* * *

En resumen, en su sentido elemental, El Ermitaño representa el hombre en busca de la verdad, en la calma y la paciencia, por el apoyo de su lógica y por la luz, semivelada, que proyecta con prudencia.

LA RUEDA DE LA FORTUNA

Principio

EL número 10 está formado de la unidad seguida de cero, simbolizando una partida y una realización, en consecuencia una evolución.

Sentido general y abstracto

LA RUEDA DE LA FORTUNA

Este arcano representa *el arrebato del hombre hacia un nuevo ciclo, consecuencia del ciclo anterior.* Es una ley del destino y viene detrás del Arcano VIIII, porque la verdad y la sabiduría están en la base de la evolución.

Particularidades analógicas

Esta carta presenta tres fases, indicadas por las tres figuras de animales, para mostrar que se aplican a todos los seres de la creación.

La primera fase, un mono que desciende, representa la evolución descendente, fase instintiva, que no ha sido conducida por la inteligencia, sino por la astucia o por una hábil adaptación instintiva a la vida física. Corresponde a la involución, es decir, al descenso de la chispa divina en la materia, cuyo envolvimiento está simbolizado por el color carne. El animal alza la cabeza porque no desciende por su gusto. Su traje rojo y azul indica que esta adaptación instintiva con el Cosmos se realiza tanto por la materia como por el espíritu. Separa las partes inferiores de las partes superiores del animal, en el sentido de que las partes inferiores, más apegadas a la tierra, deben desaparecer con la evolución.

En la segunda fase, el perro nos representa el primer grado de la evolución ascendente, el primer destello de inteligencia; determinado equivale por el color amarillo. Su cabeza, vuelta hacia lo alto, indica el germen de los primeros sentimientos humanos. Su chaqueta, azul con faldones rojos, significa que su inteligencia comienza a percibir los rudimentos de espiritualidad y a dejar tras él la materia; sus garras, que aún ejercen atracción sobre él; su collar, que le recuerda la esclavitud, aun cuando comienza a liberarse, al encontrarse subido a sus orejas: su color verde representa la adaptación científica que comienza a manifestarse en la segunda fase de la evolución.

En la tercera fase, el tercer personaje, en forma de esfinge, nos indica el destino, ignorado del hombre en el curso de su evolución, la aspiración hacia algo desconocido que debe descifrar. Es el misterio a desvelar, el último estadio, que, no obstante, está obligado a recorrer, porque la esfinge no responde a la pregunta que le plantea sobre sus fines supremos, continúa entrando en la materia y saliendo de ella, entrando de nuevo y volviendo a salir en vidas sucesivas hasta que haya encontrado por sí mismo la respuesta a su pregunta.

La esfinge es la manifestación del papel divino en la evolución. Su corona de oro señala su realeza suprema anímica, la seguridad de su juicio, y su espada, su justicia ineludible. Esta, colocada en su mano izquierda, indica su pasividad, y la hoja blanca denota su neutralidad. Sus alas, rojas, muestran que la divinidad, de la que es una expresión, está en todas partes, y que habiendo interpretado la materia, debe evadirse de ella sin tardanza. Su cuerpo es azul, representando la espiritualidad pura y esencial. El plano sobre el que reposa es amarillo, lo que caracteriza la inteligencia divina.

Los dos postes amarillos que soportan la rueda son los dos polos pasivo y activo de la inteligencia, entre los que debe hacerse la evolución. A su vez reposan sobre maderos, igualmente amarillos, doblemente conectados, para hacer resaltar la solidaridad y la inmutabilidad de su base.

La rueda representa el Cosmos; su llanta es color carne, estriada en negro, porque se trata del papel del Cosmos en el plano físico. El centro es rojo, porque los dos polos deben actuar, ante todo en el plano material, para dirigirse, mediante los radios semiazules, al plano espiritual y, desde allí, mediante los radios semiblancos, al plano mental. Este último se halla representado por el color blanco, y no amarillo, porque está desprendido de la inteligencia propia de la vida física. La separación en forma de anillo azul sobre los radios representa la barrera, a menudo infranqueable, que separa lo espiritual de lo mental superior. Cuando el hombre franquea este obstáculo, ya no prosigue las vidas sucesivas.

Los radios de la rueda, al ser de la misma esencia, representan un lazo entre la vida interior y la exterior; su número indica los seis planos evolutivos, es decir, que va de las vibraciones más toscas a las más sutiles: físico, anímico, mental, causal, espiritual, divino. Hay seis radios y no siete, porque un séptimo plano simbolizaría un terminal y desviaría a la carta de su sentido propio, que es señalar la evolución.

La manivela indica que el hombre puede retrasar o adelantar su evolución a voluntad; simboliza su libre albedrío, indica que no es esclavo de su destino y determina, por su color blanco, la neutralidad de su poder.

El suelo, color carne, es estriado y representa el punto de apoyo de los polos en su modo resistente a lo sutil, es decir, en la vida física. Las barras color carne, entre los maderos de base, son las corrientes de vida del plano físico que se ligan al plano mental de una manera inseparable, como representando la involución y la evolución.

Orientación de los personajes

La distinta posición de cada uno de ellos hace la carta compleja. La esfinge está de frente e inmóvil; el perro está de perfil y sube, mientras que el mono está de frente y desciende. En tanto que la esfinge que ejerce el mando obliga a la acción, uno de los animales sube y es activo para elevarse, el otro desciende y es pasivo; pero la rueda gira, de suerte que lo activo y lo pasivo alternan y se sustituyen uno al otro en la evolución.

Sentido particular y concreto

La denominación «La Rueda de la Fortuna» se debe a que el movimiento de la rueda implica un ciclo cuyo retorno al punto de partida aporta con él la experiencia adquirida durante su recorrido, que se traducirá en circunstancias favorables o nefastas.

Significaciones utilitarias en los tres planos

MENTAL. Lógico, al evocar la rueda un equilibrio y una regularidad. Juicio sano y equilibrado.

ANÍMICO. Aportación, animación, consolidación de sentimientos.

FÍSICO. Cualesquiera que sean los acontecimientos que se presenten en la vida del consultante, no son estables, van hacia una evolución, un cambio, necesariamente feliz, porque la carta no es una carta retrógrada. Seguridad en la duda.

Desde el punto de vista de la salud: buena circulación. Para un matrimonio: actividad de realización.

Invertida. La transformación se hará con dificultad, pero se hará pese a ella. No es maléfica, pero ocasiona retrasos por trastornos de corrientes; esto indica que hay cambio en los principios y orígenes nuevos.

*   *   *

En resumen, en su sentido elemental, La Rueda de la Fortuna representa al hombre en los actos del presente, que toman su origen de las obras periódicas del pasado y que preparan las del futuro, a las que lo divino dará una salida bienhechora, cualesquiera que sean sus vicisitudes.

LA FUERZA

Principio

El número 11 es igual a 10 + 1, es decir, a un principio de partida 1, a continuación de un ciclo 10, y cuyo análisis ha sido dado por la Rueda de la Fortuna. Este principio, compuesto con el conocimiento dado por el ciclo, representa, pues, una fuerza que no viene de lo alto, sino que aparece como una energía acumulada.

Sentido general y abstracto

Esta carta representa los poderes que resultan de un ciclo cumplido. Indica, en consecuencia, la lucha y la voluntad de vencer, condición que solo puede ser realizada si el hombre domina esta fuerza en lugar de dejarse dominar por ella. Esta voluntad del espíritu está simbolizada por una mujer para manifestar que la fuerza debe ejercerse sin violencia.

Particularidades analógicas

Su sombrero es azul, amarillo y blanco, y representa los tres estados de conciencia: la espiritualidad, la inteligencia y el mental superior. La parte en cuerda trenzada indica el vínculo entre la espiritualidad y lo mental. La forma en ∞, símbolo algebraico de lo infinito, de aquello que no tiene principio ni fin, significa que abraza todo el universo y que asegura su fuerza mediante el equilibrio. Esta es la voluntad del ser en todos los planos.

La línea negra que hay sobre el cuello es una demarcación entre el plano físico superior inteligente y el plano físico inferior que permanece subordinado a la inteligencia.

El vestido azul y el corselete amarillo de cordones apretados muestran que lo espiritual es un estado en ella, cercado por la inteligencia, y el manto, reducido a pliegues rojos flotantes y no adheridos al cuerpo, que su acción se ejerce en las actividades materiales, pero que no puede obtener más que victorias fugitivas y sin experiencia.

El brazo que simboliza los actos de la Fuerza está recubierto por mangas amarillas plisadas, con puños color carne, indicando así que sus actos, guiados por la inteligencia humana, operan en el plano de la vida física tanto como fuera de ella, es decir, en el ser encarnado tanto como en el ser desencarnado, por esto su pie está desnudo y aparece bajo su falda, precisando que las victorias hacen avanzar y que esta marcha hacia delante puede hacerse en cualquier plano.

El león amarillo representa las fuerzas inteligentes de la naturaleza, contra las que hay que luchar, so pena de ser devorado por ellas. Le separa las mandíbulas mostrando así que debe ver su interior, con el fin de librar las fuerzas ocultas que se asientan en ellas para conocerlas y someterlas. Este león es también la representación de la fuerza inteligente e inmutable de lo divino que está en el Cosmos y en el hombre, sin poder separarse, porque está acurrucado contra la Fuerza, sin actitud agresiva y medio oculto, como si formase parte de ella. Ninguna fuerza podría tener una acción eficaz sin una estrecha unión entre el hombre, el Cosmos y lo divino.

Orientación del personaje

La Fuerza tiene la cabeza de frente, pero está vuelta hacia la derecha. La posición de la cabeza, al inclinarse hacia la izquierda, indica el pensamiento y la reflexión; se orienta hacia una acción que debe tomar su tiempo antes de realizarse. Su cuerpo, al no estar enteramente vuelto hacia la derecha, significa por último que sale de la reflexión para ir hacia una acción efectiva.

Sentido particular y concreto

La denominación de la carta «La Fuerza» determina esta en el sentido de dominio personal sobre la materia.

Significaciones utilitarias en los tres planos

MENTAL. Proporciona un gran poder para desprender lo verdadero de lo falso, lo útil de lo inútil, y una claridad rotunda en el juicio.

ANÍMICO. Dominación de las pasiones, poder de conquista. Ejemplo: Una mujer al casarse extraerá fuerzas del efecto. Protección afectuosa.

FÍSICO. Voluntad de vencer los acontecimientos y dominio de la situación cuando el derecho está de parte de uno. Capacidad de dirigir en todo asunto material.

Invertida. El hombre ya no es dueño de su fuerza; es brutal y licencioso, o bien se deja llevar y no la utiliza. Los acontecimientos o las gentes le abatirán, su fuerza será aniquilada y él será víctima de fuerzas superiores.

* * *

En resumen, en su sentido elemental, La Fuerza representa, entre las facultades del hombre, aquella que es el fruto de sus esfuerzos y que puede ejercer en plenitud en todos los planos, cuando la mantiene acorde con las leyes divinas.

EL COLGADO

Principio

Mientras que el número 10 representaba un ciclo de naturaleza periódica, como son los días, los meses o los años, el número 12 representa un ciclo completo que no puede renovarse sino por un cambio del principio que ha determinado dicho ciclo. Por tanto, el número 12 implica un renunciamiento para que la vuelta a empezar, si la hay, no sea obstruida por el trabajo del ciclo precedente y pueda orientarse hacia una vía nueva. Por eso esta carta no se vincula con la Fuerza, sino con el conjunto de las cartas precedentes, puesto que con ella termina el primer ciclo del Tarot, el de 12. Los 22 Arcanos mayores del Tarot están formados, efectivamente, por los dos ciclos 12 + 10.

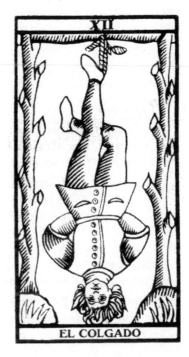

Podría considerarse a los 22 Arcanos como compuestos por 3 x 7 + 1; pero esta interpretación, admisible en rigor, no representa sino un aspecto inferior del Tarot, como subordinándole a grupos ternarios (3 x 7), seguidos de un principio de arranque (1), sin continuidad.

Es la pasividad consentida del hombre (2) frente a una organización activa por sí misma (10).

Sentido general y abstracto

Esta carta significa *una parada o una suspensión en el trabajo evolutivo del hombre.*

La representación de esta suspensión por un hombre invertido indica que lo de arriba es igual a lo de abajo, y que todos los actos del hombre en el plano material quedan reflejados sobre el plano espiritual; esto viene a decir que el hombre arrastra lo espiritual hacia lo material y viceversa, a fin de permitir la unión de estos dos aspectos cósmicos.

Particularidades analógicas

Los escarpines azules del Colgado indican que el hombre se reviste de espiritualidad aunque esté sumergido en la materia, y las piernas rojas, que arrastra hacia lo alto todos los actos materiales y de orden inferior. Su chaqueta azul de faldones amarillos significa que el hombre zambulle lo espiritual en la materia, puesto que la cabeza, es decir, la parte superior de sí mismo, está en la parte de abajo de la carta, pero que lo hace con inteligencia y por espíritu de sacrificio; así lo prueban sus manos colocadas detrás de la espalda, mostrando que esta vuelta a la materia es voluntaria y que acepta su destino. Su chaqueta abotonada determina que está voluntariamente encerrado en su estado de sacrificio. Los 9 botones que aseguran este cierre y que, con sus ojales, forman una polarización, representan, en los faldones, los tres estados divinos y, en la chaqueta azul, las 10 fases de la evolución que conducen a la abnegación: son blancos para indicar que esta se decide mediante un espíritu de síntesis espiritual.

Este sacrificio debe ser sin recompensa calculada; por ello es por lo que las manos están ocultas y los bolsillos son inútiles; por otra parte, al estar, en relación al plano físico, del revés, muestran que todo bien material logrado en el plano físico no permanece. El cinturón blanco señala la separación de lo anímico y de lo mental (faldones amarillos), así como el papel determinante representado por este último, que, debido a la inversión del colgado, se encuentra por encima de lo espiritual (chaqueta azul).

Los brazos, color carne con mangas rojas, recuerdan los lazos que unen al hombre con las fuerzas pasionales y vitales; pero sus cabellos azules significan que la espiritualidad permanece profundamente en él. El verde del suelo, sobre el que los árboles se yerguen, indica, por una parte, que el sacrificio es una semilla rica que lleva sus frutos, y, por otra, que son igualmente los conocimientos intelectuales los que encaminan al hombre hacia su evolución.

Los dos árboles que sostienen al Colgado representan el Árbol de la Vida, formando con la rama verde transversal un pórtico, que encierra al hombre y le obliga a una repetición continua de sus esfuerzos. La dualidad de los árboles recuerda la polarización masculina y femenina. Son amarillos porque los conocimientos intelectuales del hombre le elevan siempre hacia la inteligencia profunda y divina, y las seis ramas con secciones rojas señalan las seis etapas que los dos polos de la humanidad deben llevar a cabo para evolucionar en la materia.

El hombre se halla suspendido de una rama verde porque a menudo está detenido por producciones científicas; la cuerda es blanca, es decir neutra, porque el hombre puede atarse por su voluntad. Lo hace, de una parte en el plano espiritual, por un pie, es decir por sí mismo; de otra parte, en el plano físico, por las manos, es decir, por el espíritu de sacrificio, y entonces no se puede desatar. Sin embargo, muestra, por su pierna doblada y libre, que siempre puede soltarse. Este sería, por ejemplo, el caso de un hombre muy religioso trabado por sus creencias y, de hecho, frenado en su evolución, incapaz de avanzar.

Orientación del personaje

Por su posición, el Colgado simboliza una actividad latente.

Sentido particular y concreto

La denominación «El Colgado» simboliza un detenimiento que prepara una transición, una transformación, un paso de lo concreto a lo abstracto y, en consecuencia, un estado de no-afectividad, una parada del poder de acción.

Significaciones utilitarias en los tres planos

MENTAL. Posibilidades muy diversas, recuerdo del pasado, del presente y del futuro frente a decisiones a tomar, de donde resulta una vacilación. Esta carta indica cosas insuficientemente maduras; no es concluyente.

ANÍMICO. Falta de determinación, indecisión, particularmente en la elección afectiva.

FÍSICO. Abandono de algo, renuncia, proyectos dudosos. Impotencia momentánea en la acción. Si se comenzase un asunto, este se quedaría en sueño y no podría realizarse sino mediante una ayuda.

Desde el punto de vista de la salud, trastornos circulatorios, porque hay falta de armonía por la posición de un pie enganchado.

Invertida. Éxito posible, pero desigual, en un proyecto, más bien de orden sentimental, sin satisfacción ni placer, por la situación del Colgado que se encuentra derecho, pero en un mal equilibrio y con las manos atadas a la espalda. Reticencia y proyecto oculto.

*   *   *

En resumen, en su sentido elemental, El Colgado representa al hombre que vuelve su acción para orientarla hacia lo espiritual, en un sentimiento de esperanza y de abnegación.

ARCANO XIII

LA MUERTE

Principio

E<small>L</small> número 13 es igual a 12 + 1. Simboliza el comienzo de un nuevo período en la evolución general significada por el Tarot.

Esta carta se relaciona con el Colgado para tener en cuenta el conocimiento aportado por el ciclo precedente, del cual debe suprimir lo que puede ser inútil o nocivo, que no conviene a la naturaleza del nuevo ciclo y, también, porque el espíritu de sacrificio, implicado por el Colgado, conduce a la luz cuyas puertas se abren con la desaparición del cuerpo físico. Se trata de la actividad interviniendo en un estado de cosas cristalizado.

Sentido general y abstracto

Este arcano significa *transformación; simboliza el movimiento, el paso de un plano de vida a otro plano de vida.* Es, en lo invisible, la oposición de su imagen en nuestro mundo, representando, en efecto, la inmovilidad en la vida física y la marcha en el más allá.

Particularidades analógicas

El color carne del esqueleto indica la persistencia de la individualidad humana, precisando así que no se trata si no de la muerte física y que queda en el ser otra forma de vida.

El abandono de todas sus atribuciones terrestres está caracterizado por su despojamiento indumentario y carnal, no conservando más que el armazón necesario para una nueva envoltura. El principio de vida que su color simboliza muestra la transformación que impone y sin la cual el hombre se cristalizaría, realizando de este modo una auténtica muerte.

Está segando en un espacio negro, que simboliza las oscuras pasiones de los hombres, así como el camino de la nueva evolución, todavía en la oscuridad para nosotros. Las manos y los pies no están cortados, sino que representan principios de acción y de progresión. Significan que la muerte libera al hombre de su vida física, dejándole el gesto y la andadura. En efecto, la andadura, indicada por el pie asentado de plano, muestra que el hombre avanza de una a otra encarnación; el gesto, indicado por la mano, símbolo del tacto y de la sensibilidad, también colocada de plano, es el que hace en la encarnación. Están en lo negro para indicar que, pese a la muerte, el hombre se halla ligado a la tierra y que la muerte toma su punto de apoyo sobre ella y en ella, con el fin de que pueda renacer. Las dos manos que sobresalen de lo negro muestran que la muerte incita al hombre a desprenderse de la materia y a elevar sus gestos hacia lo alto. Los dos huesos, blancos, representan la nada de la materia; son dos, por tanto polarizados masculino y femenino. La cabeza del niño de largos cabellos precisa que la fuerza y la inteligencia sobreviven a la muerte, pero que la inteligencia divina se halla siempre en el hombre en estado infantil. La cabeza coronada significa que cada vez que pasa la muerte, el hombre entra en su reino. La cabeza es la de un adulto, al ser esta realeza del hombre una cosa inmutable que no tiene infancia ni vejez.

Las hojas amarillas y azules simbolizan la fecundidad; la muerte no las corta, se alzan cada vez que el hombre franquea el paso de la muerte. Esta fecundidad proviene tanto de las ciencias adquiridas en el plano físico, como de las fuerzas de evolución pertenecientes al plano espiritual.

El mango de la guadaña es amarillo, porque la muerte proviene de una voluntad divina e inteligente, y la guadaña es roja porque la muerte corta siempre la materia; por otra parte, la guadaña no es en esta carta la representación de un instrumento cortante, sino el símbolo de una actividad que bracea la materia para renovarla y ponerla en disposición.

El personaje no tiene más que un pie para precisar que la muerte implica un desequilibrio y solo puede actuar sobre el plano físico y no sobre el espíritu; no es una armonía, sino una consecuencia.

Orientación del personaje

El perfil, enteramente a la derecha, indica transición, renovación, acciones sucesivas, por el hecho de la indicación de marcha: transformaciones a cada paso.

Sentido particular y concreto

Contrariamente a las otras cartas, no está designada nominalmente, si bien su imagen representa clásicamente la muerte. Al no existir esta, no puede ser nombrada porque se le daría una significación peyorativa que no tiene. Su auténtico sentido es el de transmutación; pero esta palabra, en sí, tampoco puede ser escogida, porque la transmutación está en el origen de la vida y este origen es indecible.

Significaciones utilitarias en los tres planos

MENTAL. Renovación de las ideas, totalmente o en parte, porque algo va a intervenir y a transformarlo todo, como un fenómeno de catálisis, donde un cuerpo nuevo modifica completamente la acción de los cuerpos que se hallan en su presencia.

ANÍMICO. Alejamiento, dispersión en afecto, desgarradura de un sentimiento, de una esperanza.

FÍSICO. La muerte, la detención de algo, la inmovilidad. En caso de negocios, transformación completa.

Invertida. Estancamiento desde el punto de vista de la salud, la muerte puede ser evitada, pero hay enfermedad incurable. Según su entorno, significa muerte, cuyos efectos proseguirán más allá de ella, en las malas acciones.

* * *

En resumen, en su sentido elemental, el Arcano XIII representa los cambios de estados de conciencia del hombre que acompañan el paso de un ciclo cumplido, a la entrada en un ciclo de naturaleza diferente.

ARCANO XIV

LA TEMPLANZA

Principio

EL número 14 es igual a 12 + 2; es decir, a un período evolutivo cumplido, encerrado en una polaridad. Por ello, esta carta, tomando su poder de una concentración debida a la experiencia de un ciclo cumplido, trabaja en circuito cerrado, engendrando un movimiento entre dos recipientes pasivos, que se compensan el uno mediante el otro.

Sentido general y abstracto

Esta carta simboliza *el gran depósito de posibilidades mediante el juego eterno de las energías de la materia,* y representa *le eterna repetición;* va a continuación del Arcano XIII, porque este no marca un fin.

Particularidades analógicas

La figura es la de un ángel, para dar una significación de inmaterialidad y mostrar que su acción no es fruto de una obra humana. Tiene los cabellos azules, signo de espiritualidad; la estrella roja sobre la frente le guía y muestra que solo puede actuar en el plano físico. Sus alas, color carne, determinan su acción en el plano vital.

Los brazos rojos muestran su interpretación en el plano físico; el cuerpo de diversos colores forma sobre todo uno intelectual y espiritual, con el que se cubre para enmascarar lo divino; su trabajo se realiza únicamente en el mundo de las energías.

El traje es semirrojo, semiazul, porque el equilibrio debe mantenerse tanto en la espiritualidad como en la materia, que no pueden separarse.

El ángel se ladea para mostrar bien que es el vaso azul de la espiritualidad física el que vierte en el vaso rojo de la materia. Su gesto y su posición son inmutables; si permaneciera derecho, dejaría suponer que puede inclinarse del otro lado.

Los dos vasos simbolizan la renovación perpetua que establece el equilibrio entre la materialidad y la espiritualidad; vertiéndose eternamente esta en el otro vaso sin llenarlo jamás, renovándose siempre la materia. El agua incolora, es decir, neutra, representa el fluido que une los dos polos y, de hecho, se neutralizan; partiendo del mismo vaso azul y volviendo a él, siguiendo el principio del flujo y del reflujo de las fuerzas.

El ángel está posado sobre un suelo amarillo con hierbas verdes, para mostrar que tiene una base divina en su acción sobre la materia, base que produce una floración terrestre, pero no divina.

Orientación del personaje

Tiene el cuerpo de frente, pero su cabeza vuelta hacia la izquierda indica que toma tiempo para la reflexión, porque, al conciliar la templanza los extremos, la acción se toma el tiempo necesario para producirse eficazmente.

Sentido particular y concreto

La denominación «La Templanza» le ha sido dada porque actúa como conciliadora en todas las cosas.

Significaciones utilitarias en los tres planos

MENTAL. Aporta el espíritu de conciliación, la ausencia de pasión en el juicio; da el sentido profundo de las cosas, como representando un principio eterno, una personalidad psíquica, no imponiendo una idea de estabilidad, sino que es plástica, es decir movediza, con adaptación a las circunstancias.

ANÍMICO. Los seres se asemejan por afinidad; bajo la influencia de esta carta son felices, pero no evolucionan y no se libran el uno del otro.

FÍSICO. En negocios, conciliación: se pesa el pro y el contra, se encuentran componendas, pero se ignora si el éxito coronará la empresa; reflexión, decisión que no es tomada inmediatamente.

Desde el punto de vista de la salud: enfermedad incurable, porque engendra su propia fermentación.

Invertida. Trastorno, desacuerdo; pero las tergiversaciones y las dudas quedarán anuladas.

*   *   *

En resumen, en su sentido elemental, La Templanza representa el trabajo de adaptación ante una nueva actividad, trabajo de amasamiento que el hombre realiza para ajustar de nuevo, y en un dominio más extenso, las energías materiales a las energías espirituales.

EL DIABLO

Principio

Eɴᴛʀᴇ las diferentes combinaciones que constituyen el número 15, la disposición 10 + 5 = 15, y 11 + 4 = 15, se adaptan más particularmente a la contexta del Arcano XV.

Es el hombre introduciendo su vibración particular en un conjunto organizado; esta actividad le opone al ritmo universal; por ello se le representa mediante el Diablo.

EL DIABLO

10 significa un ciclo cumplido, 5 = 4 + 1 indica una repetición del ciclo, una actividad que penetra la materia, que surge para trabajarla y darle por medio de la vibración, representada por 5, el ritmo de la vida. Desde otro punto de vista, 10 presenta el equilibrio de un ciclo completo y 5 marca la inestabilidad de un nuevo comienzo con sus albures.

11 indica la fuerza y 4 la materia; por tanto, 11 + 4 = 15, significa la fuerza voluntariosa braceando enérgicamente la materia y pudiendo ser empleada tanto por el bien como por el mal. Esta combinación confirma y acentúa la precedente obtenida por medio de 10 + 5, y por eso esta carta sigue a la Templanza, que tiene el efecto de materializar. La eterna repetición de la

Templanza se hace en el plano moral, y el Diablo lo lleva al plano humano.

Sentido general y abstracto

El Diablo representa un principio de actividad espiritual que trata de penetrar la materia y cubrirse con ella para materializarse. Simboliza una gran evolución, porque si bien es el símbolo del mal, es también el del triunfo. Son los hombres quienes le han conferido el símbolo maléfico, pero es profundo en sí mismo, de esencia divina y tan necesario a la humanidad como el bien, constituyendo un puente entre el bien y el mal; la divinidad, tal como el hombre la concibe, pudiendo ser contemplada, según su interpretación, como el Bien o el Mal.

Particularidades analógicas

Su tocado es un corona de llamas, para mostrar que su origen tiene lugar en un plano superior, porque si el Diablo expresa, en realidad, el trabajo del hombre en el universo sin apoyo de lo divino, él mismo no deja de ser una expresión de las leyes divinas.

Sus alas azules, dirigidas hacia lo alto, muestran que su acción tiende a producir una evolución ascendente.

Su antorcha ilumina el mundo de la ilusión; su llama blanca indica su neutralidad, y los hombres, según la actividad que le atribuyen en su dominio, pueden colorearla ellos mismos.

El torso carne, con tetillas y senos a la vez, representa la fecundidad masculina y femenina de las fuerzas vitales de la naturaleza. El brazo derecho está alzado para afirmar que su acción viene de lo alto, pero sus garras color carne y su posición sobre un terreno del mismo color precisan que está engarfiado en la materia y que jamás podrá actuar en el plano divino.

Su cinturón rojo denota que está enteramente cercado por la materia hasta en sus más bajas expresiones. Sus piernas azules muestran que hace evolucionar al hombre hacia la espiritualidad.

Su hermafroditismo, señalado por la representación simultánea de los atributos de ambos sexos, demuestra, según que se sitúe desde el punto de vista universal o desde el punto de vista particular, que engendra perpetuamente por sí mismo la renovación de la materia, penetrándola de sus fuerzas vitales, o bien que hace que todo vuelva a él, porque, al encerrar los dos polos masculino y femenino en sí, trabaja en circuito cerrado y capta las fuerzas vitales por sí mismo.

Su pedestal rojo indica que domina el mundo material, y es de modestas dimensiones para mostrar que su reino es precario y lo han hecho inestable sus actividades nefastas.

Los dos seres atados al pedestal son las emanaciones del Diablo y representan el lado exterior de su polaridad sexual, mostrando que está encadenada y que sufrirá el choque a cambio de sus efectos, sin poder desprenderse de ellos. Simbolizan, por otra parte, la dominación que padece, como esclava, la materia humana y animal; es decir, el mundo entero. Son masculino y femenino porque se extienden a los dos principios polares del mundo. Tienen sobre la cabeza una argolla roja para señalar que el hombre puede encerrarse mentalmente en la materia, no teniendo el Diablo por sí mismo ningún principio de elevación. Las llamas negras, las orejas y los rabos de animales indican que el Diablo es una fuerza necesaria para la evolución, fuerza de la que uno debe emanciparse por sí mismo y que, sin este esfuerzo, el hombre embutido en la materia no puede tener más que sombrías emanaciones. Dicho de otra forma, el Diablo simboliza al hombre encadenado por la naturaleza, que impone en él una parte animal.

Este encadenamiento tiene su origen en las leyes de causa a efecto; es decir, en las repercusiones producidas por los actos del pasado del hombre. Estos efectos son malos cuando el hombre se deja encadenar por la materia, y evolutivos cuando se esfuerza en desprenderse de ella.

El suelo, acebrado de rayas negras sobre fondo amarillo, significa que las emanaciones de la materia tomadas en el mal pueden disimular los fondos de inteligencia divina. El paralelismo de los trazos indica que el uno y el otro caminan simultáneamente.

Orientación de los personajes

El personaje principal está de frente, indicando una acción directa dominadora; pero, por otra parte, los pequeños personajes están vueltos de una cuarta: el de la izquierda (femenino) hacia la derecha, el de la derecha (masculino) hacia la izquierda, con las cabezas casi de frente, por tanto en sentido contrario, indican así la fuerza de la pasividad combinada con la de la actividad, pero con una violencia y una desarmonía designada por sus conexiones, sus cuernos y otros apéndices animales.

Sentido particular y concreto

La denominación «El Diablo» le ha sido dada porque representa al hombre actuando en la materia por su propio imperio, sin apoyo espiritual, de suerte que cuando no busca él mismo su espiritualidad está sometido a la tentación de transgredir la moral cósmica y a ceder a sus instintos. Por tanto, la carta significa logros en la materia por el esfuerzo directo y por los consejos de la razón o el abandono a la fatalidad.

Significaciones utilitarias en los tres planos

MENTAL. Gran actividad egoísta sin preocupación de justicia, no teniendo esta carta significación práctica en el plano espiritual.

ANÍMICO. Pluralidad, diversidad, inconstancia, porque se busca en todos los sentidos y se lleva todo hacia uno, sin pensar en los demás. Intemperancia.

FÍSICO. Gran radiación en este plano, particularmente en el dominio material, en la realización concreta. Gran capacidad de influencia sobre los demás. Esta es, sin embargo, una carta deficiente en lo físico; cuando significa el triunfo, este es obtenido por malas artes. Se trata entonces de la fortuna adquirida de una manera vituperable, o de robos que han quedado impunes. En el dominio afectivo, es la conquista de un ser físico por procedimientos condenables, sin escrúpulos, entrañando la destrucción de otros seres, pero teniendo el éxito como resultado. Por ello es una carta anunciadora de castigo, porque, al aparecer en un juego, anuncia que el triunfo solo será momentáneo, y seguido de su escarmiento, si la pregunta planteada no está exenta de egoísmo.

Como enfermedad, indica gran inestabilidad nerviosa, simbolizada por las garras que atraen los fluidos, formando dominio y posesión, resultados del pasado humano.

Invertida. Su acción tiene una base muy mala con efectos aún más maléficos. Desorden, inversión, negocios turbios o sin resultados.

Desde el punto de vista de la salud, acrecentamiento del mal, complicación.

* * *

En resumen, en su sentido elemental, El Diablo representa una forma de la actividad humana, el braceo de la materia, de la que el hombre se convertirá en esclavo, después de haber obtenido un éxito efímero, o se librará por los poderes del conocimiento, según sus fines egoístas, o evolución material.

ARCANO XVI

LA TORRE

Principio

Eʟ número 16 puede ponerse bajo la forma 10 + 6; 10 representa el ciclo cumplido, pero que se renueva indefinidamente, por consiguiente el ciclo universal, y 6 simboliza involución y evolución, subida y bajada, construcción efímera y vuelta a empezar. 10 + 6 = 16 manifiesta el poder del hombre que quiere emprenderlo todo, pero que, al ser limitado, no puede desembocar en lo definitivo; esto es, la construcción fatalmente inestable.

Sentido general y abstracto

La Torre muestra *el límite del poder humano y su imposibilidad de edificar definitivamente.*

El arcano precedente, el Diablo, entre otros sentidos, significaba el mal; pero el mal, al ser una interpretación humana, no tiene existencia real, porque no hay más que fuerzas que luchan por progresar; la Torre viene detrás del Diablo porque representa el progreso humano, que consiste en reconstruir siempre lo que siempre será demolido, principio mismo del progreso.

Por tanto, la Torre significa que toda construcción creada por el hombre está

LA TORRE

destinada a ser destruida, ya sea una construcción mental o una construcción física, porque todo lo que toma su base en la materia debe desaparecer.

Particularidades analógicas

La Torre simboliza una construcción confusa, errónea, en la que el hombre se encierra por oscurantismo; es de color carne, porque se edifica en medio de las energías vitales del hombre en el plano físico.

Las ventanas son azules; el hombre sabio que construye su torre debiendo conservar siempre una mirada hacia la espiritualidad.

Las almenas amarillas significan que el hombre siempre desea coronar y colocar su trabajo bajo el signo de la inteligencia, inteligencia puramente humana y sin eficacia. El fuego destruye las obras del hombre; pero por su color amarillo en consonancia con el suelo, determina que serán purificadas mediante su vuelta a la tierra, cuyo contacto aporta energías vitales naturales, dándoles facilidades para volver a empezar.

Por otra parte, el fuego es la fuerza que el hombre siempre puede extraer de lo divino para continuar su tarea que, empero, jamás se termina. También representa la llama purificadora que el hombre atravesará cuando abandone sus edificios efímeros para pasar al plano divino. La llama, por su tono rojo, indica también su acción en la materia y, por su tono amarillo, su inteligencia divina.

El hombre azul y rojo, que cae tocando el suelo con sus manos, muestra que cualquiera que sea la causa que le ha hecho caer —materia o espiritualidad— vuelve a tomar las fuerzas fluídicas de la tierra apoyando sus manos sobre el suelo a fin de recomenzar su tarea. Por su posición en semicírculo, evocando la acción de la mano tendida por la que se actúa sobre el exterior, simboliza el polo activo; caracteriza así al hombre que ha operado sobre el ambiente, que ha jugado su combinación constructiva y que ha perdido.

El segundo personaje, cuyo sentido de caída es inverso al del primero y cuya posición parece horizontal, simboliza el segundo polo, el polo pasivo, y su caída es más pesada, porque el hombre que, por inercia, es incapaz de dominar las fuerzas de las que se ha apoderado, pierde el apoyo que tomaba de ellas y vuelve a caer en la materia.

Su caída no es el resultado directo de sus actos, sino un lento descenso producido por causas lejanas.

Las bolas son las semillas de esta construcción, cayendo sobre la tierra para germinar de nuevo; las rojas y las azules significan que la reconstrucción será material o espiritual, las blancas representan la inutilidad aparente del esfuerzo. Ninguna es amarilla, porque la Inteligencia Divina no preside esta carta, que se aplica exclusivamente a la obra humana. Representan, por su número, las múltiples formas sobre las que el hombre puede construir en el plano físico; se trata de aportaciones a los hombres procedentes de diferentes planos.

El suelo, amarillo con manojos de hierbas verdes, indica que al estar fecundado por el trabajo del hombre da sus frutos.

Orientación de los personajes

La posición es de frente, indicando una acción directa, brutal.

Sentido particular y concreto

La denominación de esta carta, «La Torre» (o «La casa de Dios»), viene de que Dios, al hallarse en todas partes, está también en el edificio que el hombre establece; pero como El no interviene y el hombre está en la oscuridad, sus construcciones son imperfectas y destinadas a la destrucción. Estas, nacidas en el pensamiento del hombre, y según él cree fuertemente edificadas, son devoradas por la misma llama de su deseo y, así, ocasionan su caída. La torre, hecha de materiales densos, es demasiado concreta para dar acceso a la sutilidad de la corriente espiritual representada por el rayo; se disgrega. La torre también significa que el hombre, creyéndose todopoderoso, la erige para extender su dominación, pero como su libre albedrío es muy limitado, la ve derrumbarse, cuando la cree definitiva, y después vuelve a empezar. Simboliza igualmente al hombre encerrado en sus ideas y fundando teorías que se desvanecen con la experiencia.

Significaciones utilitarias en los tres planos

MENTAL. Indicación del peligro de perseverar en una determinada vía, en una idea fija, y advertencia con el fin de evitar las consecuencias, so pena de conmoción violenta y aniquilamiento.

ANÍMICO. Dominación de seres, sin caridad ni amor, ejerciéndose sobre los demás con despotismo, y que, tarde o temprano, será rechazada fuera del afecto.

FÍSICO. Proyecto bruscamente detenido. Golpe teatral, choque inesperado, advertencia de guardarse en los negocios. La llama que quita la corona de la torre puede interpretarse como liberación de prisión.

Desde el punto de vista de la salud, indicación de que se están sobrepasando los límites de las propias fuerzas vitales y que se corre el riesgo de una enfermedad grave. Si es a continuación de una enfermedad, restablecimiento después de un estado penoso.

Invertida. Gran cataclismo, confusión completa.

* * *

En resumen, en su sentido elemental, La Torre representa las construcciones efímeras y fecundas del hombre, siempre destruidas y siempre reanudadas, dolorosas, porque arruinan sus ambiciones, y bienhechoras porque acrecientan sin cesar las riquezas de su saber.

ARCANO XVII
LA ESTRELLA

Principio

E<small>L</small> número 17=10 + 7. 10 representa el ciclo universal, y 7 el septenario; es decir, una radiación extendida expresándose por la escala universal y precisándose mediante los 7 sonidos, los 7 colores, etc.

El número de estrellitas de la carta evoca también 7 = 3 + 3 + 1; es decir, los dos ternarios del sello de Salomón, a los que la unidad aporta un principio de actividad. El conjunto está sintetizado por la gran estrella central que simboliza la emanación de la potencia divina que maneja en la materia las fuerzas involutivas y evolutivas.

Sentido general y abstracto

Este arcano, apoyado en el psiquismo y la espiritualidad, representa *los principios que presiden la armonía de los mundos.*

Opone la belleza de la construcción divina a la imperfección de la construcción humana, siempre en reconstrucción.

Sitúa, en lo alto del cielo, las estrellas, principio activo de la edificación cósmica, fuentes de luz, y, abajo, en la materia, una mujer, fuente de vida psíquica.

Viene a continuación de la Torre para representar la armonía, el gran perdón universal, el bálsamo que siempre viene detrás de la caída, el apaciguamiento de los hombres para su levantamiento.

Particularidades analógicas

Las estrellas representan los mundos en el plano físico.

La gran estrella central, agrupando en torno a ella siete estrellas secundarias, sintetiza las siete notas de la escala universal para hacer una sola armonía; esto es evocado por sus ocho rayos amarillos, 8 que constituyen un octavo, es decir, una serie completa. Los 8 rayos rojos intercalados simbolizan el mismo principio en la materia, porque, para las necesidades y las comprensiones humanas, es preciso que los principios de la inteligencia divina se repitan en la materia. El todo reunido forma el número 16, tomado como 8 + 8, que, por su repetición en los dos polos, simboliza el rasgo de unión perfecta entre la materia y lo espiritual.

Bajo las estrellas, y sobre el suelo, figuran dos arbustos cuyo color verde es la imagen de la renovación; sobre uno de ellos está posado un pájaro, símbolo de la vida individual, pudiendo ligarse al suelo o expandirse en el espacio y cantar en todo tiempo la salida del día o la alegría de la primavera.

El personaje femenino está desnudo, mostrando así que el principio de la armonía no se reviste de ninguna sustancia y no actúa más en un plano que en otro. La mujer tiene una sola rodilla en tierra, precisando que la armonía no se inmoviliza en un punto, sino que siempre debe estar presta para dar un paso adelante.

Es el gran principio femenino que dirige la corriente de los mundos y el trabajo de su evolución. Hace manar esta corriente de dos vasos, representando condensaciones que permiten contar, por momentos, el influjo espiritual cuya intensidad es tal que no puede tener eficacia más que si es canalizada. Lo maneja ella misma para verter la dosis accesible a los humanos.

El vaso horizontal sostenido por el brazo izquierdo indica un aporte pasivo, dado al hombre en su reposo, como por un azar —como el que recibe la fortuna durmiendo—, mientras que el vaso vertical representa el aporte activo, es decir, el que el hombre obtiene mediante su trabajo.

La mujer está en el mismo borde del suelo, porque ella es la fuente de la que surge el agua. Este agua es de tono zul, lo que significa que esta fuente, de orden espiritual, jamás está seca, pero que solo puede actuar apoyándose en el substrato de la inteligencia divina. Esto queda determinado por su rodilla posada en el suelo, cuyo color amarillo y aspecto caótico y desigual le dejan la posibilidad de modelarlo y darle una bella forma.

Tiene en sus manos dos vasos rojos, mostrando así que es mediante la materia como debe ir a extraer, del río de la espiritualidad, la armonía evolutiva.

Estos dos vasos, por una parte, representan los dos polos de su fecundidad en la materia. El vaso de la pasividad está más cerca de ella, representando el principio femenino en la acción fecundante, un papel superior al del principio masculino, siendo más susceptible que él de ser modelado con vistas a la belleza universal. Este vaso toca las partes genitales, y su corta oleada cayendo sobre la arena muestra que se trata de una receptividad física que hace comunicar la corriente vital instintiva del individuo con la materia (el suelo) realizada por la inteligencia divina. El vaso activo sostenido en la mano derecha toca su rodilla, y la corriente del líquido que contiene desemboca en el pie derecho; es, por tanto, una acción física que produce una expansión en el plano anímico y sensitivo, representado por las aguas azules corrientes.

En resumen, estos vasos y esta agua representan la gran corriente cósmica que jamás se detiene, siempre fecundada y renovándose.

Orientación del personaje

La posición de la mujer, de tres cuartos hacia la izquierda, muestra por ahí una tendencia reflexiva que va hacia su realización, un estado de pasividad que llega a ser activo.

Sentido particular y concreto

La denominación «La Estrella» le ha sido dada como representación de la fuerza iluminadora y redentora, simbolizada por las estrellas, aportando estas una claridad que viene del infinito.

Significaciones utilitarias en los tres planos

MENTAL. Una ayuda que aporta una fuerza a utilizar, pero no directa, porque hay que saber servirse de ella. Es la inspiración de lo que se debe hacer.

ANÍMICO. Proporciona corrientes de equilibrio y de animación.

FÍSICO. La satisfacción, el amor de la humanidad en su belleza; el destino de los sentimientos que animan al ser. Realización de cosas mediante el orden y la armonía. En una cuestión concerniente al arte, da la idea de encanto, es decir, de la radiación que atrae a los demás.

Invertida. Armonía rota en su destino, armonía física sin duración.

* * *

En resumen, en su sentido elemental, La Estrella representa la luz celeste que hace entrever al hombre una aurora de paz, de esperanza y de belleza, para sostenerle en su labor, aportándole el consuelo en sus desfallecimientos y guiándole a través de sus vicisitudes, y sin faltarle jamás, hacia la participación de las armonías cósmicas.

ARCANO XVIII
LA LUNA

Principio

Habiendo sido concebido el Tarot, en razón de su principio evolutivo, según las analogías que se derivan del número 10 la significación del Arcano XVIII debe deducirse de la combinación 10 + 8. Efectivamente, 10 implica el reposo que sigue a un ciclo cumplido; 8, por su descripción indefinida sobre el terreno, representa una actividad que se encierra en sí misma, una doble corriente que se neutraliza, y el conjunto expresa la paralización, cuya imagen está simbolizada en la carta por la oscuridad del eclipse, en el plano mental, y en el plano anímico por la rigidez de las torres y el encuentro de los perros que se oponen, finalmente en el plano físico, por el pantano.

Sentido general y abstracto

Esta carta personifica *el vínculo indivisible y persistente que une el plano físico con el plano astral;* es decir, con el plano de las fuerzas invisibles que rigen el Cosmos visible, y muestra la interpretación deformante que el hombre introduce en los elementos conjugados de estos dos planos, en tanto que las dos cartas precedentes indicaban, la una la construcción del hombre, y la otra la construcción divina en el Cosmos.

En efecto, el hombre ha sido dotado en su encarnación de una inteligencia muy limitada; interpreta las leyes cósmicas a su manera y las deforma. De este modo se ve conducido a multiplicar desmesuradamente sus propias creaciones, a concebirlas en planos sutiles, siempre queriendo darles una realidad que no puede ser más que ilusoria y que le arrastra al error.

Particularidades analógicas

En esta carta la Luna, símbolo de las creaciones imaginativas del hombre, no puede ser sino una fuerza pasajera, fugitiva, pero no creadora, al no ser de origen divino, como lo demuestra su perfil humano. La llamada del hombre en favor de sus quimeras, al no hallar punto de apoyo, vuelve sobre sí mismo manifestando su imagen como el reflejo de un espejo. No obstante, muestra, por los rayos que la rodean, que su vida momentánea puede ejercer una influencia; por ello es por lo que simboliza también el flujo y el reflujo de las pasiones humanas, así como su reflejo en lo astral.

Su color es azul, creación puramente psíquica, construida por el espíritu del hombre, casi independientemente de su voluntad. El color rojo y azul de los rayos indica que este astro puede influenciar el plano material y el plano religioso, pero con poca fuerza, porque el blanco muestra que están casi neutralizados.

Las lágrimas cayendo hacia el suelo significan que lo que viene de la tierra regresa a la tierra y que esta creación del hombre en el plano astral puede volver a caer sobre la tierra y producir una fecundidad momentánea; es el flujo y el reflujo de la influencia de lo astral hacia la tierra y de la influencia de la tierra hacia lo astral; ambas se completan. Estas lágrimas, cuya punta está hacia abajo, corroboran la escasa eficacia de este astro sobre la tierra, porque lo que parece caer como un maná fecundante va, por el contrario, afilándose, y sus colores rojo, amarillo y azul significan que no hay que esperar recibir más apoyo en el plano material que en el espiritual o en la inteligencia.

Las torres amarillas son el símbolo de la fuerza y de la capacidad creadora y transitoria de un sueño, que, no obstante, logra figurar un monumento que parece estable y que no es más que ilusión. Representan la persistencia en el error, el refugio que uno se ha creado para encerrarse en su ilusión.

El suelo desigual muestra que el hombre imagina torres que parecen, para él, desafiar al tiempo, pero que sin embargo no puede apoyarlas sobre una base derecha y sólida.

Los perros, de color carne, simbolizan los instintos primitivos, origen de los tormentos anímicos que asedian al hombre y que entran en lucha los unos con los otros. Ladran hacia lo alto para realizar sus quimeras. Abren el hocico para nutrirse de fluidos, pero este alimento no hace más que acentuar el error. Los perros, como instrumentos del subconsciente, indican también el sentimiento intuitivo de los errores de la conciencia.

El cangrejo, animal voraz, con sus pinzas que enganchan y se incrustan, representa una especie de estado de purgatorio, debido a las formaciones parasitarias del individuo, formaciones que siempre tienen su origen en estados psíquicos maléficos que manifiesta su color azul. Es una purificación del bajo anímico que se realiza mediante el sufrimiento.

El baño representa un agujero profundo, y el borde que lo rodea significa que, por profunda que sea la caída, el hombre, si quiere subir a la superficie, puede encontrar el auxilio necesario tomando apoyo en él.

Orientación de los personajes

La figura en la Luna es un perfil, visto hacia la izquierda, que indica una tendencia hacia la imaginación confusa, la inactividad, la suspensión, el detenimiento de las cosas.

Sentido particular y concreto

Esta carta es denominada «La Luna», es decir, la quimera, porque la luna, reflejo del sol como luz, y no iluminada por sí misma, da una ilusión, un espejismo. No refleja una realidad, sino que manifiesta una vida prestada. No tiene vida propia y hace aparecer una no-existencia.

Significaciones utilitarias en los tres planos

MENTAL. En caso de conversaciones, mentira. En caso de un trabajo personal, error. Espejismo en todos los planos.

ANÍMICO. Sentimientos turbulentos, pasionales, sin otro resultado que el desorden. Celos, hipocondría, ideas quiméricas.

FÍSICO. Ofuscación total. Estado de conciencia turbio y activo. Escándalo, difamación, delación, secreto que se revela.

Si la pregunta se refiere a la salud, hay desorden en el sistema linfático, hay que cambiar de ambiente, que carece de higiene, y ponerse en sitio seco, al sol.

Invertida. El instinto, causa del espejismo, acentúa sus efectos por la situación, en alto, del pantano. Estado de consciencia confuso pero que permanece latente, sin actuar.

*   *   *

En resumen, en su sentido elemental, La Luna representa los sueños quiméricos del hombre, concebidos en la oscuridad, bajo la influencia de las agitaciones de su alma, bajo el empuje obsesivo de los deseos pantanosos, pero liberándole de sus tormentos personales desde el momento en que ha sentido su inanidad.

ARCANO XIX
EL SOL

Principio

En el mismo orden de ideas que las cartas precedentes, el número 19 se descompone en 10 + 9, representando 10 el ciclo universal y 9 la perfección, como realizando el producto de 3 x 3; es decir, la fusión de dos ternarios que se sitúan, el uno en lo individual, y el otro en lo universal, fusión que representa una armonía completa.

También se puede considerar 19 como resultante de 9 + 9 + 1; formando los dos 9 un nuevo ajuste ternario de lo individual con lo universal, no menos completo que el precedente, y la unidad. Este otro aspecto de la perfección representa una vuelta a empezar, pero sobre bases ricas. Por su evolución, este ciclo, este mundo, necesita un cambio de plano.

Los principios de lo universal, al fusionarse con los de lo individual, hacen vibrar la materia; esta se ilumina, toma autonomía, extiende sus vibraciones e irradia sobre lo que le rodea. Por ello el Arcano XVIIII representa la expresión concreta de esta armonía a través del sol.

Sentido general y abstracto

Esta carta significa *el triunfo del hombre sobre la materia y su evolución de acuerdo con la divinidad.* Se opone a la precedente que representaba la acción del hombre, separada, distinta de la de lo divino, en tanto que por medio de su imagen del sol, como su nombre indica, muestra la aportación de una forma divina, radiante y bienhechora; de ello resulta que concede al espíritu una dominación armoniosa sobre la materia.

Particularidades analógicas

El Sol se presenta de frente para mostrar que su fuerza es universal y no tiene un lado de luz y otro de sombra. Está representado con rostro de hombre, indicando así que la manifestación divina reviste una apariencia humana.

Los rayos son alternos: triángulos y llamas. Los rayos en triángulos denotan la concordancia perfecta que emana de este astro, y los rayos en llamas, el efecto devorador que ejerce, porque el hombre situado bajo su radiación es enteramente absorbido por la fuerza divina que la ha emitido. Son de todos los colores, para manifestar la universalidad de su armonía.

Las lágrimas que caen del Sol, representadas con la punta hacia arriba, indican una emanación fecunda, sin pérdida, como en el Arcano de la Luna, sino al contrario, con una plenitud que se exalta en su aproximación hacia abajo. Sus colores rojo, amarillo y azul indican que toman su punto de apoyo tanto en el plano material como en el espiritual o la inteligencia.

Los dos seres situados bajo el sol representan una perfecta unión de lo espiritual y lo material. Su sexo está disimulado para mostrar que su cualidad se aplica tanto al lado activo como pasivo de los seres. El que apoya su mano sobre el hombro del otro marca el principio activo, mientras su compañero, que le pone una mano en el centro del cuerpo y tiene la otra mano separada, muestra que almacena y reserva. Esta disposición hace resaltar el equilibrio que existe entre ellos, debido a que son una creación del plano divino. Su color carne precisa que la acción del plano divino se desarrolla en el plano vital.

Su cinturón hace destacar la delimitación de lo alto y de lo bajo, de lo espiritual y de lo material, cuya fusión había sido indicada en la explicación del número; es azul para mostrar que en esta representación no hay principios bajos, ni principios elevados, sino solo una emanación espiritual.

El pequeño muro amarillo, coronado de rojo, indica la posibilidad de construcciones en lo físico sin obstrucción, una posibilidad de realizar un edificio armonioso, estable y sólido.

El suelo es amarillo, para mostrar que la base está constituida por la inteligencia divina.

Orientación de los personajes

La posición de cara del Sol determina su acción directa, plena, franca y venida de Arriba. Los dos seres vueltos el uno hacia el otro denotan una actividad equilibrada y armoniosa, porque la pasividad a la izquierda, y la actividad a la derecha, al tornarse una hacia la otra, se impregnan mutuamente. Son la contrapartida, en positivo, de los dos seres de la carta «El Diablo».

Sentido particular y concreto

La denominación «El Sol» le ha sido dada en el sentido de radiación, porque el sol que brilla sobre el mundo proporciona la vitalidad y la armonía.

Significaciones utilitarias en los tres planos

MENTAL. Elevación de pensamiento. Juicio en los escritos, difusión armoniosa sobre la masa, difusión del pensamiento a gran distancia.

ANÍMICO. Devoción caballeresca, abnegación altruista. Esta carta solo se aplica a los grandes sentimientos.

Físico. La salud y la belleza física. Elemento de triunfo y de éxito en cualquier situación que pueda darse.

Invertida. Gran adversidad, suerte contraria, tanteo en la oscuridad.

*   *   *

En resumen, en su sentido elemental, El Sol representa la luz siempre presente en el hombre, manifestada en la actividad del día, velada en las meditaciones nocturnas, que le permite elevar en la claridad y en la armonía sus edificios materiales, afectivos o espirituales.

ARCANO XX
EL JUICIO

Principio

Con el número 20, o sea 10 + 10, el número 10, símbolo del ciclo universal, se repite y, a causa de ello, se polariza expresando, por una parte, lo individual y, por otra, lo universal, y como queda él mismo, se neutraliza y expresa un estado sin actividad traduciéndose por una estabilidad.

El ser, inmovilizado, mira el ciclo cumplido, el uno en lo individual de 1 a 10, y el otro en lo universal de 10 a 20, y pone el punto para preparar un nuevo avance.

Compara también los conocimientos y las deudas, consecuencias de sus acciones, y se juzga a sí mismo con el fin de apreciar si la primera fase de su evolución está terminada, lo que le conducirá al Mundo, o si se verá obligado a reemprender su carrera con el Loco.

Sentido general y abstracto

Esta carta significa *la llamada ineluctable del plano divino y del espiritual en la materia, que determina un examen y una puesta a punto de los conocimientos y de las experiencias realizadas.*

Particularidades analógicas

En la interpretación simbólica de los personajes y de los detalles de la carta, el ángel representa la parte divina que el hombre, al encarnarse en la materia, ha dejado en el plano divino; está representado con una figura humana porque durante su encarnación tiene necesidad de volverse a ver y de reflejarse en su imagen. Las dos alas, color carne, muestran que lo que ha abandonado momentáneamente puede aproximarse a él, y sus brazos, rojos, indican que esta parte divina y que no puede arrastrarla con él en la materia. Está rodeado de funda en que haya podido naufragar. Sus cabellos amarillos testimonian que esta parte del hombre es de inteligencia esencialmente divina y que no puede arrastrarla con él la materia. Está rodeado de nubes azules, porque a menudo el hombre pierde todos los rasgos de esta parte de sí mismo, enmascarada por él; pero puede desgarrar estas nubes y volver a ver su divinidad elevándose mediante la espiritualidad y la inteligencia.

La trompeta significa que el hombre siempre puede escuchar la voz que le llama. Igualmente simboliza las vibraciones que despiertan la conciencia dormida, para hacerle ver el fruto de nuestros actos y sus inevitables repercusiones. Los rayos, mediante el amarillo, por una parte, y el rojo, por otra, denotan que la parte intelectual divina del hombre, aun cuando no esté encarnada, lleva los reflejos de su encarnación, de la cual no puede desinteresarse en razón del lazo que la une a él. La ausencia de rayos azules proviene de que el ángel, perteneciendo a lo divino, no tiene necesidad de espiritualidad. El banderín, blanco con cruz amarilla, indica el carácter abstracto del plano divino, intangible para nosotros, y en el que no se puede penetrar sin espíritu (el amarillo) de sacrificio (la cruz). Esta penetración es inevitable, porque el plano divino es una llama devoradora que hace tender las encarnaciones del hombre hacia él, como lo testimonia el banderín unido a la trompeta; es decir, a la emisión de la vibración que despierta al hombre y le llama hacia lo divino.

Los dos personajes de frente representan la humanidad, masculina y femenina, y su estado de conciencia está simbolizado por la tercera persona a la que contemplan. Esta última vuelve la espalda, señalando así que este estado de conciencia es secreto; mira al ángel, que solo es conocido en lo divino. También representa el estado de conciencia que permite al hombre volver a encontrar lo que deje al remontarse a su origen, y le hará posible encarnarse de nuevo.

La actitud de los dos personajes de frente significa que, para conocer el propio estado de conciencia, hay que abstraerse y mirar en sí como en un espejo. Sus cabellos, los de los tres, son azules, para precisar que la materia solo puede evolucionar cuando un rayo de espiritualidad la ha tocado.

Estos tres personajes no se adaptan únicamente al hombre, sino al despertar de lo más material, simbolizado por la tumba, en los actos pasados realizados en los tres planos: físico, anímico y mental. También se adaptan a todo lo que vive sobre la tierra, porque cuando el estado de conciencia se anima, todo lo que vive se acerca a su creador.

Son tres, y no una multitud de seres, para significar que la consciencia solo se revela en una vida individual y no colectiva.

La tumba es verde, para indicar que el sepulcro, imagen de la muerte, no es estéril, sino que posee una gran fuerza de fecundidad.

El suelo es amarillo y los personajes no emergen de él, porque solo lentamente y con la ayuda de la inteligencia divina sale el hombre de las profundidades de su materia; las dificultades de su marcha están simbolizadas por el estado desigual del suelo.

Esta carta viene a continuación de la del Sol para mostrar que el hombre ha tomado sus orígenes en las vibraciones de la fuerza divina y no puede realizarlos en la armonía si no por una sucesión de regresos a la tierra; aunque quede en contacto con lo alto a través de su parte divina, hay una parte doliente de sí mismo que pertenece a la encarnación, porque, si es parte integral de Dios, forma igualmente parte integrante del Cosmos-Materia.

Orientación de los personajes

En la posición de los personajes, el inmóvil, visto de espaldas, implica detenimiento, inacción; los otros dos vueltos de una cuarta, la mujer a la derecha y el hombre a la izquierda, muestran la orientación contraria de la actividad y la pasividad, lo que, en esta carta, les conduce a la detención, porque se fijan en el personaje visto de espaldas. El ángel cae hacia delante, pero su acción se ejerce por su trompeta, para animar la actividad del mundo inferior hacia lo espiritual.

Sentido particular y concreto

La denominación «El Juicio» le ha sido dada, no en el sentido de justicia, sino en el de comparación y de evaluación del ser humano a través de su propio mental.

Significaciones utilitarias en los tres planos

MENTAL. La llamada del hombre hacia un estado superior, sus tendencias y sus deseos de elevación.
ANÍMICO. Ninguna radiación anímica.
FÍSICO. Buena carta. Trabajo de biblioteca, de recopilación, de clasificación. Estabilidad en un asunto bueno o malo. Salud y equilibrio.

Invertida. Error en sí mismo y, sobre todo, sufrimientos por un juicio erróneo.

* * *

En resumen, en su sentido elemental, El Juicio representa al hombre, despertado de su sueño en la materia por su parte divina, que le obliga a examinar su alma en su desnudez, y a juzgarla.

ARCANO XXI
EL MUNDO

Principio

Entre las diferentes combinaciones del número 21 susceptibles de concordar con esta carta, la disposición 20 + 1 y no 7 x 3 se impone, porque el Tarot, al representar la evolución del hombre, debe tomar su partida del segundo denario, como lo ha hecho en el primero.

3 x 7 = 21, que ha sido adoptado por algunos intérpretes del Tarot, no puede ser aceptado más que subordinándose a puntos de vista muy secundarios, porque esta combinación representa ciclos de actividad sucesivos que tenderían a repetirse por series ternarias y ya no coincidirían con los Arcanos mayores del Tarot, que han sido limitados a 22.

20 + 1 = 21 representa, por 20, una rica pasividad con una actividad, por 1, netamente señalada por el personaje central cuya pierna alzada indica la actividad del 1, y la andronigia: el acuerdo entre la pasividad del 20 y esta actividad.

Sentido general y abstracto

Esta carta significa *la iluminación psíquica y espiritual en una armonía ma-*

nifestada por el equilibrio claramente visible en la disposición de los elementos de la carta.

Simboliza la perfección del hombre en lo universal, su triunfo sobre la materia, su poder sobre la naturaleza.

Viene a continuación del Juicio, que preparaba al hombre los medios para llegar al apogeo de su evolución obligándole a escuchar la llamada de lo divino y a hacer un justo rodeo sobre sí mismo después de cada encarnación en la materia. En un sentido más general, también simboliza el perfecto equilibrio de los mundos.

Particularidades analógicas

El personaje central es andrógino: los dos sexos reunidos en uno solo, sin que se pueda caracterizar si domina uno de ellos, significan, no obstante, que los dos polos se equivalen, siempre conservando su propia superioridad y la independencia de su voluntad. Este personaje está velado sexualmente porque, llegado a su apogeo, el hombre ya no se reencarna más y, por tanto, no procrea más; esto viene indicado por un fino chal echado ligeramente sobre él y no por un paño que indicaría una voluntad de disimulo.

Su pierna izquierda está doblada para indicar que es activo y no inmóvil. Su pie derecho, posado sobre un soporte que se apoya en los dos polos de la guirnalda y no en el nudo, muestra que camina sobre un apoyo basado en ella y procedente de una manifestación inteligente, puesto que es amarillo. En la mano izquierda sostiene una varita que señala su poder sobre la naturaleza. En la mano derecha sostiene con dos dedos, ligeramente, un recipiente de forma ovalada que simboliza un filtro. Es el filtro creador de la ilusión en todos los planos de la naturaleza, porque el hombre puede tener tanto la ilusión del amor como la de la espiritualidad. El filtro está en oposición de la varita, en el sentido de que la ilusión creada por el hombre puede darle una realeza efímera, y que por todas partes, tanto en el mundo de las ilusiones como en el dominio real, o bien en el espiritual, el hombre posee una soberanía que conserva de su esencia divina.

La guirnalda rodeando al personaje representa la doble radiación de lo universal hacia el hombre y del hombre hacia lo universal. En el primer caso, significa las corrientes de fluidos cósmicos que la mantienen, y en el segundo manifiesta el aura perfecta realizada por el hombre en los tres planos: roja (materia evolucionada), amarilla (inteligencia divina), azul (mística espiritual). El azul está abajo para indicar que el hombre, liberado de la esclavitud de su carne, está ahora completamente en la espiritualidad, y el rojo, situado entre el amarillo y el azul, muestra que la materia recupera su lugar entre la espiritualidad y la inteligencia divina. Las ligaduras rojas, arriba y abajo, sueldan estos dos polos.

Las cuatro figuras manifiestan el cuaternario de fuerzas superiores estabilizadas y equilibradas en la materia. Este equilibrio resulta de su posición en los cuatro ángulos, con la indicación de que el hombre ha alcanzado la plena posesión de sus fuerzas interiores.

El águila representa la sabiduría de las alturas; es decir, lo espiritual planeando sobre toda la creación. Su penetración en las profundidades de la materia está simbolizada por la aureola roja, y su acción sobre todos los planos, que se interpenetran, por su cuerpo hecho de plumas amarillas y sus alas, de plumas azules. Lo alto, sobre lo que toma apoyo, simbolizado por la nube, consiste en un elemento sutil y no concreto, como una espiritualidad creada por el hombre y trazada en blanco.

El ser, arriba y a la izquierda, muestra una figura humana para evocar sus ataduras con la humanidad. Sus alas rojas significan que el hombre no puede alcanzar ese estado de perfección suprema sin haber pasado por la materia y haber sido sacado de ella. Sus brazos azules simbolizan los actos hechos exclusivamente en el dominio de la alta espiritualidad. La delantera del ropaje azul, blanco de un lado y estriado del otro, representa los actos espirituales del hombre, manifiestos los unos, los otros oscuros, desconocidos de él, aunque pueden tener un gran alcance.

El Toro, de color carne, es el símbolo de la potencia generadora del plano físico; no tiene aureola, porque al estar esencialmente en la materia, es el regenerador brutal y sin discernimiento. Sus alas significan que su potencia simbólica se extiende a todas las formas de vida y a todos los mundos.

El León, de color amarillo, es el símbolo de la fuerza inteligente que preside esta fecundación universal, y que, lo mismo que en el Toro, color carne, no se trata de la materia pasional humana representada por el color rojo en las otras cartas, sino la materia de los mundos, concretización del pensamiento divino. Su aureola, color carne, muestra que esta fuerza inteligente irradia en el plano físico.

Orientación de los personajes

Todos están de frente, salvo el águila, que está de perfil a la derecha con la cabeza a la izquierda, implicando una fuerte actividad directa, pero con reflexión para tomar la inspiración antes del vuelo.

Sentido particular y concreto

Esta carta tiene como denominación «El Mundo», porque al encontrarse en la cima de los Arcanos mayores concreta armoniosamente los esfuerzos de la evolución indicada por las cartas precedentes.

Significaciones utilitarias en los tres planos

En un juego, esta carta significa el elemento femenino, no puede interpretarse ni adaptarse a lo masculino. Se trata de una carta muy individual: si es un hombre el que consulta, representa sus pensamientos, pero no su individualidad; si es una mujer, representa su propia personalidad más que sus pensamientos.

MENTAL. Gran poder en este plano. Tendencia hacia la perfección. Dominio mental y psíquico.

ANÍMICO. Conserva su poder en este plano y significa elevación del espíritu, sentimiento de amor altruista; es decir, ni egoísta, ni sensual (al ser andrógino el ser representado en la carta). Amor a la humanidad. Tendencia hacia la perfección. Inspiración en los artistas.

FÍSICO. En este plano, al que casi no está adaptada, pierde la mayor parte de su potencia. Experiencias ricas. Asuntos sólidos y radiantes. Éxito y mundanería. Buena salud.

Invertida. Emboscadas, estorbo, fracaso. Negación de un triunfo, de sentimientos. Sacrificio del amor.

*　*　*

En resumen, en su sentido elemental, El Mundo representa al hombre que está equilibrado tomando apoyo en los principios cósmicos: la Sabiduría y la Espiritualidad, la potencia generadora y la potencia Directriz, y que ejerce su poder sobre la Naturaleza en la armonía de las leyes universales.

EL LOCO

Principio

Esta carta no está especificada por ningún número, porque sería preciso darle el 0 ó el 22. No puede ser 0, sin que El Loco representara entonces lo indefinido universal, en tanto que es móvil y simboliza un paso de la evolución. Por otra parte, no puede ser caracterizada por 22; es decir, por dos pasividades, implicando una acción, lo que es absolutamente contrario al aspecto del personaje representado en la carta [1].

EL LOCO

Sentido general y abstracto

Esta carta representa *la marcha ineluctable del hombre hacia la evolución.*

Al no haber consumado aún todas las llamadas de la Carta XX y, en consecuencia, al no haber alcanzado todavía el apogeo de su evolución, el hombre debe empero recorrer su camino a través de vidas sucesivas como un vagabundo indiferente del mañana. Su destino debe serle oculto, porque constituye la esperanza de una vida siempre mejor que le hace recorrer el largo camino de la encarnación.

[1] Sin embargo, en caso de adición, esta carta debe ser considerada como la número XXII.

Esta carta se coloca normalmente al final del juego, aunque en rigor puede tener cabida a continuación de otros múltiplos de 7; es decir, después del Carro (1 x 7) y de la Templanza (2 x 7), dado su carácter evolutivo.

Aunque se encuentre colocada al final del juego, no es una conclusión pesimista, porque representa no al hombre que, habiendo visto el libro de todas las posibilidades humanas, de todo cuanto le guía, de todo el camino que debe recorrer, cargaría con su peso y desembocaría en el desaliento; sino, por el contrario, al que regresa en cada nacimiento con el olvido de lo que ha sido y la ignorancia de lo que será. Es esta apatía lo que le permite franquear alegremente las etapas que le conducirán hacia la perfección. Esta carta engendra una conclusión para los 21 Arcanos precedentes, pero no para el destino. Cuando el hombre haya alcanzado su apogeo, esta carta desaparecerá y la conclusión vendrá dada por el Arcano XXI. El Loco representa igualmente un vínculo entre los Arcanos mayores y los Arcanos menores, interpretando estos últimos el hombre en su actividad.

Particularidades analógicas

El bastón que soporta el hatillo tiene dos anillos fijos que no permiten que aquél sea retirado, quedando de esta forma impuesto al hombre. Significa igualmente que el hombre no puede fijarse en ninguna parte en el camino que recorre. Este hatillo es de color carne, para indicar que el hombre siempre debe llevar con él la herencia de su caída en el plano físico, porque todo lo que toma contacto con la vida física es una caída; por el contrario, es su esperanza, una especie de caja de Pandora que no puede abrir y con la que cuenta. Contiene sus ilusiones y la experiencia del pasado. El bastón es blanco, es decir neutro, para mostrar que el fardo no ha sido creado por sí mismo.

El bastón amarillo, en su mano derecha, al apoyarse en el suelo, lo pone en contacto con el mundo físico y muestra que mediante su inteligencia toma fuerzas de las mismas raíces que él ha hecho nacer sobre la tierra.

El ángulo de carne visible en el hombre, y sobre el que se apoya el perro, es la parte más baja de sí mismo, la parte de animal que queda en él. Aparece desnuda, porque pese a los hábitos que se ha creado en el curso de la evolución, no puede desprenderse de ella. El perro significa igualmente un resto de los errores del pasado que perturba al hombre en su marcha hacia delante. Este perro simboliza también un plano de vida inferior que tiende a elevarse y a seguir al hombre; asimismo, significa que el hombre se ha elevado por encima del plano animal, no debiendo olvidar que, al marchar hacia su evolución, su caída le ha llevado al rango de la animalidad y que en su marcha debe hacer evolucionar en torno a sí las criaturas inferiores.

Su gorro amarillo, terminado en una borla roja, significa la inteligencia de que el hombre debe revestirse para recorrer su camino en la materia. La punta roja determina una inteligencia material, no una inteligencia divina.

La gorguera azul, cuyas puntas terminan en cascabeles, muestra que el hombre en sus pasos se encuentra aturdido por los rumores de sus pasadas encarnaciones, y el ruido que provoca en la tierra le impide encontrar sus recuerdos divinos y le fuerza a caminar. Hay cascabeles prendidos tanto al cinturón como a los extremos de las puntas de la gorguera azul, para indicar que se aturde tanto en el dominio material como en el espiritual.

El brazo azul, saliendo de la manga amarilla, significa que el hombre, al tener pensamientos inteligentes (gorro amarillo), puede realizar acciones inteligentes, pero estas no tendrán eficacia si no sabe rodearlas de espiritualidad.

Puesto que el hombre camina en la materia de sus encarnaciones sucesivas, solo lo hace mediante la espiritualidad, como indican las calzas azules con chapines rojos.

Aunque el hombre camina como un vagabundo a través de las vidas, su marcha, no obstante, es inteligente, no por sí misma, sino porque es dirigida por la inteligencia divina representada por el suelo amarillo. Suelo desigual para mostrar las dificultades de su vida. Los manojos de hierba significan la fecundidad activa; algunos son verdes, simbolizando la fecundación en el plano físico, refiriéndose al paso del vagabundo por la encarnación; otros son blancos, simbolizando la fecundación que realiza en el plano abstracto, en el momento de su desencarnación, y, consecuentemente, son invisibles en el plano físico.

Orientación del personaje

El Loco camina de izquierda a derecha, pero su cabeza está vuelta de tres cuartos, implicando la búsqueda de una actividad, la reflexión antes de actuar y de llevar a cabo su evolución.

Sentido particular y concreto

La denominación «El Loco» le ha sido dada en el sentido que se da a los descalabros; es decir, acorralado. En efecto, está abrumado por su fardo, del que no se puede descargar, empujado por el perro, estimulado por sus cascabeles, obsesionado por las inquietudes del camino, la obligación de adelantar y el apremio de las circunstancias que encontrará en su senda. Es también el indolente en el sentido de que no tiene consciencia de los obstáculos de la vida y no los verá sino sucesivamente.

Significaciones utilitarias en los tres planos

MENTAL. Indeterminación debida a la multiplicidad de preocupaciones que se presenten y de las que se tiene una semiconsciencia. Ideas en curso de transformación. Consejos dudosos.

ANÍMICO. Vicisitudes de sentimientos, incertidumbre en los empeños, sentimientos vulgares sin duración.

FÍSICO. Inconsciencia, falta de orden, olvido de la palabra dada, inseguridad, partida o desplazamiento. Abandono voluntario de bienes materiales. Asunto mortecino.

Desde el punto de vista de la salud, linfatismo, hinchazón, absceso.

Invertida. Al ser El Loco un personaje en movimiento, significa que está caído o que se le ha detenido en su marcha. Abandono forzoso de bienes materiales y caída sin vuelta ni esperanza. Complicaciones, embrollos, incoherencia.

* * *

En resumen, en su sentido elemental, El Loco representa al hombre, avanzando por el camino de la evolución con apatía y sin descanso, llevando el peso de sus conocimientos buenos o malos, estimulado por el tañido de los pensamientos, las preocupaciones del momento o los instintos inferiores, hasta el momento en que haya sabido hacer realidad el equilibrio manifestado por el Arcano El Mundo.

ARCANOS MENORES

Generalidades sobre
los Arcanos menores

Los Arcanos menores representan las fuerzas secundarias que se subordinan a los principios expresados por los Arcanos mayores. Permiten manifestar las consecuencias que conducen a las realidades y son los escalones entre los principios y las aplicaciones prácticas: concretan los Arcanos mayores.

En un orden de ideas más concreto, los Arcanos menores dan los detalles que se derivan de los principios expresados por los Arcanos mayores, porque al no vivir en los principios, es preciso expresar las consecuencias que conducen a las realidades.

Al igual que los mayores, están sometidos a las leyes de los números. Al representar una idea material, admiten más expresiones simples, por tanto de imágenes, y por ello es por lo que su número total es superior al de los otros. Son 56 contra 22 porque, siendo su propiedad el aplicarse a las combinaciones de la materia, se agrupan necesariamente en cuatro series, siendo 4 el número representativo del trabajo de la materia. Se ha dado a estas series los siguientes nombres: Espadas, Copas, Oros y Bastos.

Por otra parte, como el Tarot representa la evolución del hombre, simbolizada por los ciclos de 10 [1], y 10 implica todos los elementos periódicos del mundo físico, cada elemento del cuaternario de los Arcanos menores, al repetirse 10 veces, expresa todas las combinaciones posibles de los números en el mundo físico.

---

[1] Ver Generalidades sobre los números del 1 al 10, pág. 131.

Estas combinaciones, siendo indeterminadas por sí mismas, deben ser precisadas mediante un nuevo cuaternario consciente; de ello resultan 4 nuevas figuras que, por naturaleza, se polarizan doblemente, a saber: la Sota y el Caballo, la Reina y el Rey [2].

El cuaternario primitivo analizado en su síntesis, al tener por objeto concretar los Arcanos mayores, se descompone en dos grupos de polaridades.

La primera, activa y cuantitativa, representa una energía expansiva y una energía condensadora, de las que los Antiguos han hecho el principio del Fuego y el de la Tierra, y que, según los dibujos simbólicos de los Arcanos menores, corresponden respectivamente al Basto y al Oro.

La segunda, pasiva y cualitativa, representa estados sensitivos, uno receptivo y otro expansivo, de los que los Antiguos han hecho el principio del Aire y del Agua, y que corresponden respectivamente a la Espada y a la Copa.

Este mismo cuaternario, enfocado desde el punto de vista analítico, hace sobresalir como orden de condensación de las fuerzas: el Fuego, el Aire, el Agua y la Tierra, y, en concordancia, los Arcanos menores: el Basto, la Espada, la Copa y el Oro [3].

La combinación de los puntos de vista sintético y analítico del cuaternario da las siguientes significaciones principales:

La ESPADA representa la actividad del plano material, que, en su expresión más sutil y más extendida, abre un acceso a las riquezas espirituales del amor divino.

La COPA, símbolo de la sensibilidad receptiva del hombre, se llena de esas riquezas espirituales y las expresa mediante un psiquismo que se

---

[2] Se trata de estas figuras, con una introducción previa, a continuación de los Arcanos menores de 1 a 10.

[3] El orden y la relatividad de las denominaciones de las cartas parecerá contradictorio con los datos presentados por ciertos exegetas del Tarot. El lector sacará por sí mismo la conclusión según un examen profundo, teniendo en cuenta que la Espada gira en el Aire, que el Basto desciende de la madera, generadora de Fuego, que la Copa es el receptáculo del Agua y que el Oro es el símbolo de los metales que contiene la Tierra.

extiende de la forma más elevada a la más elemental: del amor divino al afecto humano.

El ORO concreta las riquezas extendiéndolas a todos los dominios de la Tierra, mediante las obras de la inteligencia.

El BASTO, símbolo de la fuerza material, utiliza esas riquezas para edificar, cultivar y consumar.

Independientemente de sus destinos particulares, cada uno de estos cuatro aspectos de los Arcanos menores se refleja en los otros tres; así, la noción de amor universal se encuentra en los cuatro, pero es dominante en la Espada, que representa el Sacrificio.

Para captar más fácilmente la evolución sucesiva, es decir, la tendencia y el esfuerzo hacia una finalidad superior de las cuatro modalidades representadas por las Espadas, las Copas, los Bastos y los Oros, es útil comparar la carta precedente y la carta siguiente, no en el orden de los números, sino en el de las paridades, es decir, las correspondientes a una misma polarización.

Se juntan las cartas pares o pasivas por un lado, y las impares o activas por otro, produciendo las primeras un trabajo interno y verificando las reservas, y actuando exteriormente las segundas al tiempo que hacen fructificar esas reservas mediante la puesta en juego de su actividad.

Representación de los números en los Arcanos menores

EL número de objetos que figuran sobre cada Arcano menor del 2 al 10, con excepción de los Oros, está indicado sobre el eje horizontal, a derecha y a izquierda, expresando la dualidad y señalando así que estas cartas son pasivas —por tanto, impersonales e inoperantes por sí mismas—, que implican una posible señal, una subordinación a las demás cartas, y que no hacen más que aportar una propiedad que las otras cartas dirigen.

Esto precisa su papel eclipsado ante los Arcanos mayores, y esta significación se acentúa aún más por los Oros. Estos, en efecto, no llevan ningún número —no teniendo el círculo que los representa ni principio ni fin—, y pueden adaptarse a toda creación, como el dinero puede servir para toda empresa humana.

Estas cuatro series de Arcanos menores, exceptuados los Ases, están representadas según dos ejes de simetría, uno vertical y el otro horizontal; el primero, caracterizando la actividad, los divide en dos partes; el segundo, de significación pasiva, separando lo alto de lo bajo —lo Espiritual de lo Material—, hace aparecer, lo más a menudo, una distinción entre los elementos de la carta.

Los Arcanos menores de Figuras, que, por su representación humana, indican una personalidad, poseen una denominación para afirmarla, así como su predominio sobre los otros Arcanos menores.

Los Ases no llevan ningún número, porque representan la síntesis de la serie de cartas a que se aplican, y, en consecuencia, no pueden tener lugar en los peldaños. Sin embargo, las cartas siguientes, al llevar el número que traspone la Unidad a otro plano, dejan traslucir su carácter original.

Generalidades sobre los números del 1 al 10 y modalidades sobre las que ha sido tomada la simbología de los números para su adaptación a los Arcanos menores [1]

1

El As representa la unidad considerada como una partida y como una síntesis que resume la significación de los 9 números consecutivos.

2

El número 2 es el símbolo de la pasividad, de la polaridad y de los elementos de la gestación. Mediante la polaridad pasiva, está sin efecto; pero mediante la gestación, constituye la materia de todos los desarrollos.

3

El número 3, mediante 2 + 1, introduce una actividad en la pasividad del 2, que da una directiva a la gestación.

---

[1] Para el estudio de los Arcanos menores que sigue, el lector debe remitirse constantemente a los sentidos de los números.

4

El número 4, producto de 2 x 2, encierra una cristalización y, como intermediario entre 3 y 5, una transición. Representa, por tanto, una estabilidad relativa, y, en consecuencia, cosas que se ordenan y tienden hacia una consolidación de ellas mismas, hacia una seguridad.

5

El número 5 es un número de transición, de paso de un plano a otro, porque está compuesto de 4 + 1, siendo 4 un número completo, al que se añade una unidad, es decir, un comienzo. La base 4, sobre la que se apoya para engendrar el número siguiente, le da un sentido de multiplicidad y de difusión mediante radiación.

6

El número 6 representa un equilibrio armonioso, al estar formado de 3 + 3; o sea, dos ternarios que se oponen el uno al otro y de 2 x 3, implicando la simultaneidad de estos dos ternarios, y, en consecuencia, su equilibrio. En su sentido elemental, significa un poder latente, un potencial; es decir, reservas de las que se puede extraer.

7

El número 7 = 6 + 1, indica, mediante la unidad, la fuerza, y la acción que utiliza la potencia contenida en el 6. La pone en juego, manteniendo siempre su armonía, de forma que significa final con éxito. Se trata de un número de consumación sintética.

8

El número 8 = 4 + 4, reúne la combinación de la cruz y del cuadrado; es decir, la estabilidad del plano material con la vida interior del plano divino. Se trata de un equilibrio que no es abstracto, como el del 6, pero que marca un fin, porque no tiene necesidad de ser animado por otras corrientes. Es el símbolo del infinito, como formado por dos círculos enlazados, que, recorridos en un mismo sentido, se desarrollan uno por medio del otro indefinidamente.

9

El número 9 representa la orientación de lo abstracto hacia lo concreto. Los 8 primeros números indicaban la materia animada por lo divino; tomando 9, que es 8 + 1, se obliga a 8, que es perfecto, a tomar una unidad más; es decir, una entrada en acción, y, por tanto, a describir un nuevo ciclo, lo que implica una nueva penetración de la fuerza en la materia, como la que se lleva a cabo cuando un universo concebido virtualmente se realiza en la materia, para hacer evolutiva su experiencia.

10

Mientras que 1 sintetizaba en sus principios los números de los que arrancaba, 10 los condensa en sí mismo, porque participa de cada uno de ellos a través de su cero, que los reúne en potencial y los orienta hacia un nuevo ciclo mediante el 1 que acompaña al cero. Además, es el número de la razón y de la calma, porque, mientras que con 9 lo abstracto tomaba contacto con lo físico, por medio de 10 se mantiene en equilibrio en lo físico, puesto que $10 = 2 \times 5$.

CONCLUSIÓN

Los Arcanos menores se detienen en el número 10, porque si sobrepasaran este número y alcanzasen el 12, que es un resultado, ya no tendrían vínculo con lo físico y serían inaccesibles al entendimiento humano.

ESPADAS

AS DE ESPADAS

Sentido sintético

LA Espada significa el Poder, la Voluntad.

Con arreglo al sentido analógico de la unidad, el As de Espadas sintetiza la significación de las nueve Cartas de Espadas, de las que es el origen.

La fuerte espada azul, sostenida verticalmente, con la punta perdida en la corona, indica el arranque espiritual, evolutivo, del hombre hacia lo alto, expresando así lo que hay de mejor en él, y afirmándolo mediante una palabra o un acto cuya concretización está indicada por la flor roja que domina la punta.

El resultado de este estado se revela al hombre por la florescencia que envuelve la punta de la espada; es decir, por la corona en el plano mental, por la palma, símbolo del sacrificio, en el plano psíquico, y por la hoja de encina, símbolo de la energía triunfante, en el plano físico.

Sentido analítico

La Espada, que significa una protección, ha sido elegida para concretar la acción mental. Su forma en línea recta implica la idea de una progresión que el pensamiento prolonga por medio de la punta hacia el infinito. El centelleo, arrojado por el acero de la espada, cuando se la maneja, simboliza la inspiración momentánea que hace elegir el camino, ayudada por la punta que atrae las corrientes espirituales.

Es una mano derecha la que sostiene la espada, significando la derecha voluntad y autoridad. La muñeca está vuelta a la izquierda (en sentido inverso al de la mano que sostiene el As de Bastos); la actividad indicada por la Espada es compleja y debe revestirse de pasividad, es decir de materia, para prepararse; al no poder manifestarse sin intermediario la inteligencia activa, el dorso de la mano que aparece indica que el interior debe permanecer oculto por la misma razón: la manifestación de la fuerza, simbolizada por la Espada, no debe ser vista más que desde el exterior, y su acción debe ser indirecta y frenada por la pasividad.

El As de Espadas, formado por dos planos distintos, presenta una significación espiritual en su parte superior y una significación material en su parte inferior.

Sostenida por una mano, esta espada precisa que siempre corresponde al hombre buscar la victoria espiritual, no pudiendo esta ser obtenida si no a través de incesantes esfuerzos; esta espada tiene la forma de un triángulo azul, lo que indica que la búsqueda de las victorias debe revestirse de espiritualidad y equilibrarse mediante el ternario.

El brazo atraviesa una manga encañonada, de forma circular, color carne y azul, indicando la acción en un universo de vitalidad física, atravesado por las ondas psíquicas.

La muñeca roja, rematada en azul, precisa que la unión de los dos planos: psíquico y material, es necesaria para actuar.

El puño rojo, con la guardia y el pomo amarillos, muestra que la voluntad del hombre, sostenido y protegido por la inteligencia, se ejerce en las actividades materiales.

Las llamas que caen, distintamente coloreadas, muestran el papel efectivo de la energía en el mundo material, y representan los gérmenes fecundantes, de los que todas las cosas se impregnan. Indican también que las victorias derivadas de la energía jamás son egoístas y que siempre se derraman en lluvias bienhechoras. La variedad de los colores muestra que su acción se extiende a los tres estados.

Los florones de la corona, tres rojos y dos azules, precisan que su dominio depende de los planos espiritual y material; no obstante con más poder en este último, porque es hacia él donde debe ejercerse el esfuerzo.

Sobre la banda figuran nueve ornamentos; este novenario, demasiado complejo para ser desarrollado aquí, representa el trabajo de perfeccionamiento que el ser, en su radiación procedente de la inspiración de lo divino, está obligado a llevar a cabo para alcanzar la materia quintaesenciada, representada por los puntos extremos de la corona: los rombos truncados.

En el lado izquierdo, la rama de laurel, con su tallo color carne, sus hojas amarillas y azules y el florón azul de donde nace, refuerza la significación de que la victoria solo puede tener su origen en el plano espiritual, y que solo será alcanzada por la fuerza bajo sus tres aspectos: mental, psíquico y vital.

En el lado derecho, la palma, de color carne, amarillo y azul, nacida igualmente de un florón azul, indica un esfuerzo análogo, con la diferencia de que la victoria llegará mediante una idea, sin efecto físico, pero por el sacrificio.

Significaciones utilitarias en los tres planos

Este As trae una conclusión: cualesquiera que sean las dificultades, proporciona una consumación, porque es la síntesis de las otras nueve actividades, y en razón de que la Espada cumple su tarea con inflexibilidad y sin desviarse.

MENTAL. Esclarecimiento intelectual, precisión y claridad. El As de Espadas refuerza toda potencia intelectual, porque proviene de la voluntad mental del ser.

ANÍMICO. Ausencia de sentimentalismo. Esta carta solo pone el sentimiento en la fe, el misticismo o las convicciones ardientes.

FÍSICO. Salud. Afirmación de todo progreso. Asegura el buen planteamiento de las cosas. Reducción del potencial nervioso.

Invertida [1]. Pereza mental. Dejarse ir. Falta de energía, debilidad. En ciertos casos: violencia. Detención brusca de la vida. Homicidio.

*   *   *

En resumen, en su sentido elemental, el As de Espadas representa la fuerza activa que el hombre despliega con firmeza y comprensión por el triunfo de su ideal.

---

[1] La cualidad innata de los Arcanos menores de Espadas no es modificada por la inversión, pero sus efectos son orientados, en reglas más o menos generales, hacia un sentido peyorativo.

DOS DE ESPADAS

Sentido sintético

En conformidad con la significación del número 2, que representa una estabilización equilibrada conteniendo una gestación en potencia, el Dos de Espadas manifiesta, por una parte, por el color negro y la forma esquemática de las espadas, así como por su disposición en cuaternarios, el completo y sutil trabajo del subconsciente preparando el acto de voluntad, elemento primordial de toda actividad mental; por otra parte, el rombo hojoso, de tres colores, encerrado entre las espadas, manifiesta sus posibilidades de gestación.

Sentido analítico

Por sí mismo, el 2 está compuesto de dos fuerzas que, al no manifestarse en razón de su composición, dejarían al 2 inerte, si no estuviesen obligadas a desarrollarse, en razón de la actividad propia de la Espada [1].

Por efecto de esta actividad, cada una de las unidades del 2: una pasiva y la otra activa, se refleja en la otra; es decir, que lo activo se carga de pasividad, y a la inversa.

---

[1] En general, las cartas pares significan un trabajo interno, y las impares, un trabajo externo.

Concretamente, puede decirse que la espada pasiva resiste y que la espada activa penetra, de lo que resulta un cuaternario.

Lo activo y lo pasivo primitivos solo se exteriorizan y son indicados por los dos semicírculos entrecruzados del Dos de Espadas, mientras que la segunda dualidad debida al reflejo, que es interno, está representada por las dos espadas cuyas puntas están encerradas en una funda.

En general, el cuaternario representa un equilibrio en el juego de los elementos materiales; pero el que resulta de las espadas, es decir, de las fuerzas primitivas, es un cuaternario de principios, en tanto que el cuaternario formado por la floración central representa el equilibrio de las fuerzas evolutivas en germen en el número 2.

Esta evolución sobresale del hecho de que este cuaternario se dobla a su vez para formar un octenario; es decir, un equilibrio superior. Todo esto indica que la gestación en potencia del número 2 evolucionará mediante las actividades de la Espada hacia los dos equilibrios incluidos en los 10 primeros números, y que son el 4 y el 8.

En general, las espadas están representadas de una manera esquemática [2], para simbolizar las características y los factores de la actividad mental y no para hacer resaltar su acción concreta. Las corrientes, simbolizadas por este esquema, al entrecruzarse constituyen una agitación en lo espiritual y lo material, en el yo y en el no-yo.

Esta forma tiene igualmente por objeto precisar que su número no significa un cómputo de espadas, como si estuvieran sobre una panoplia; tampoco que el Dos de Espadas represente las de un duelo, sino los diversos impulsos, los diferentes orígenes que constituyen el acto de voluntad.

El color negro con que están dibujadas es el tinte de lo invisible; tiene por objeto mostrar que el acto de voluntad, que precede a la acción mental, lleva en sí algo de secreto porque se desencadena de sí mismo; sus orígenes no están a nuestro alcance, constatamos su manifestación, pero ignoramos los factores profundos de la misma.

Las espadas toman su arranque de los cuatro extremos de la carta para indicar la universalidad de las corrientes que entran en la actividad

[2] Ver a este respecto un complemento de explicación en el Nueve de Espadas, pág. 159.

mental, y sus bases son anchas para mostrar el poder y la movilidad del potencial de fuerzas de que emanan.

La forma esquemática también tiene por objeto precisar que todo el trabajo que acaba de ser descrito para la formación de la actividad mental ocurre en el subconsciente donde todavía no puede haber tomado las formas precisas que adoptará en el momento de la manifestación definitiva.

Los extremos ensanchados y negros de las espadas son los guardias que indican la defensa y la contención, por medio de las actividades materiales o de la inteligencia, según que sean rojos o amarillos.

Las barras rojas y amarillas son fuerzas que constituyen hitos y necesidades de limitación para poner diques y regularizar la mezcla de las corrientes provistas por el encuentro de las espadas.

El trabajo interno de las espadas, azul, arriba y abajo, indica que es de orden psíquico; el color amarillo de las partes laterales que, por esta causa, corresponden a un trabajo interior, introspectivo y asimilador, es de orden mental.

La figura entre las espadas, a través de su nudo central blanco, de donde emana una cruz amarilla y roja, engarzada en otra cruz azul, por la doble expansión de sus hojas en las cuatro direcciones y la aproximación de sus puntas en forma de rombo o de óvalo, representa una síntesis de formas evolutivas que tomará la actividad mental a lo largo de su desarrollo en las cartas siguientes. Las siete estrías negras sobre cada hoja indican que esta actividad debe tener por objeto una realización victoriosa.

Las cuatro flores exteriores representan los nexos de la carta con los cuatro planos o los cuatro estados, saliendo como semillas prestas a abrirse. Si se quiere examinar el proceso de formación de estas, se señala que están compuestas de una corola de 5 pétalos azules y de un botón rojo rodeado de un cáliz amarillo.

Al indicar el número de 5 una transición, los 5 pétalos precisan una radiación en un plano distinto que el del Dos de Espadas. Esta transición da lugar a un conocimiento en el plano físico, como indica el color rojo del botón, protegido por una actividad inteligente.

Significaciones utilitarias en los tres planos

MENTAL. Equilibrio estático. Ausencia de actividad.
ANÍMICO. Riqueza de sentimientos en potencia.
FÍSICO. Aportación sin efectividad, freno, entorpecimiento. Salud pletórica, circulación lenta.

Invertida. Esta carta, al ser simétrica, no puede quedar invertida.

*   *   *

En su sentido elemental, el Dos de Espadas representa el detenimiento de una acción concreta con vistas a un enriquecimiento ulterior destinado a hacer madurar esta acción.

TRES DE ESPADAS

Sentido sintético

El 3 indica, por medio de 2 + 1, la disociación de dos fuerzas neutralizadas por la intervención de un dinamismo de otra naturaleza. El Tres de Espadas confirma esta significación al atravesar por una tercera espada de forma precisa y concreta, de color carne, la elipse formada por las dos espadas esquemáticas de donde parten dos ramas dé laurel amarillas, determinando así una voluntad de vencer una inercia y de liberar fuerzas encerradas, mediante una actividad extraída de la vitalidad del mundo físico, y cuyas decisiones y efectos engendran conocimientos mentales.

Sentido analítico

Las sucesivas Cartas de Espadas van a mostrar una acción que se encamina progresivamente hacia una plenitud. Como sigue al Dos de Espadas, ya el Tres de Espadas entra francamente en actividad, por su espada central concreta, disociando las dos espadas esquemáticas y creando una separación. Esta disociación hace efectiva la polaridad de las espadas en semicírculo, que no era más que virtual.

La hoja y el pomo de la espada central, de color carne, indican su firmeza en lo físico; su puño rojo, que el estado que representa aún es débilmente mate-

rial. La guardia amarilla acentúa esta idea, al mostrar que esta hoja debe permanecer en un plano semifísico, hace un alto de orden mental entre la vida instintiva, designada por el color rojo, y la vida física, representada por el color carne.

La forma del pomo en flor de loto, terminada en una bolita, es el indicio de que la voluntad de vencer debe tomar su base en la sabiduría y que esta actuará en lo físico.

Las hojas de laurel amarillo entrecruzándose sobre la espada central muestran que el fin debe ser coronado por el éxito, y son un sostén psíquico para la actividad; constituyen la afirmación de su noble objetivo, simbolizado por los dos tallos blancos, símbolo de pureza, y la glorificación del principio activo.

Las dos espadas en semicírculo tienen la misma significación que en el Dos de Espadas; únicamente la intervención de las barras amarillas y rojas, arriba y abajo [1] las diferencia, como en todas las Cartas de Espadas, llevando una espada concreta, sin aportar modificación al sentido de la carta.

Igualmente, la misma significación respecto a las cuatro flores exteriores, pero con más fuerza, aumentando estas a compás del número de la carta.

Significaciones utilitarias en los tres planos

MENTAL. Decisión, se zanjan las dudas.

ANÍMICO. Liberación, esclarecimiento en los sentimientos, clara percepción de las cosas.

FÍSICO. Sostén, aportación de energía. Progresión clara y directa en los negocios. Muy buena salud.

---

[1] Tres, Cinco, Siete, Nueve. En razón del poder activo de los números impares, como Dos, Cuatro, Seis, en razón de la pasividad de los números pares. Son excepción de esta regla: Ocho, que carece de espada concreta, ofreciendo en su lugar una flor azul, porque representa un equilibrio cuaternario, y Diez, que posee dos espadas concretas.

Invertida. Se interpreta con la punta de la espada central dirigida hacia abajo. Hacia lo alto, indica una confirmación para toda pregunta que contemple una orientación y asegura que esta es buena porque la punta dirigida hacia lo alto hace un llamamiento y recibe las corrientes del mismo.

Hacia abajo, implica una realización, confirma que las cosas irán bien, porque dirigida de este modo activa la materia.

Esta carta no es mala jamás, salvo para una pregunta de enfermedad, porque la punta hacia abajo, separando la materia con esfuerzo, determina obstáculos y resistencia, de donde se deriva el retraso para la curación.

* * *

En su sentido elemental, el Tres de Espadas representa un trabajo de la consciencia activa determinante de acciones precisas.

CUATRO DE ESPADAS

Sentido sintético

AL encerrar en su óvalo una rama con todos sus elementos al completo (tallo, hojas, botones, flor, etc.), las cuatro espadas esquemáticas simbolizan la energía constructiva de 4, ordenando y consolidando las cosas para darles la seguridad en su desarrollo futuro; estas también están encerradas, pero la rama que las representa está cortada y presta a ser utilizada en el momento en que el óvalo sea disociado; de hecho, habrá desaparecido con la escisión que se opere en el Cinco de Espadas.

Sentido analítico

El número 4 indica aquí las fuerzas cuaternarias reunidas; el «yo» es interior, y su labor, representada por la rama cortada, presta a ser utilizada, se queda en potencialidad, por lo que será necesaria la carta siguiente, el Cinco de Espadas, para exteriorizarla.

La flor central, con su corola azul, su pistilo rojo, sus pétalos amarillos y su tallo carne, sintetiza los 4 elementos y, al aparecer en estado de brotes, guarda sus fuerzas, pero las muestra prestas a nacer.

Las dos hojas azules y amarillas son ramificaciones, formas de comunicación y de expansión de esas fuerzas o fluidos, e indican una realización.

Las hojitas amarillas son comienzos de actividad, y son dobles y están reunidas en su base, para señalar la idea de una polaridad en germen, de un potencial de actividad. El pequeño fruto negro, sobre ellas, indica la materia en evolución, así como una necesidad de selección y de eliminación.

El interior rojo del tallo cortado representa la corriente vivificante o la sangre, la fuerza en el plano físico.

La significación de las espadas en semicírculo es la misma que en el Dos y el Tres de Espadas, pero se hará notar, así como en las cartas siguientes de Espadas, que tiene su conexión arriba y abajo y lateralmente, con las partes azules y amarillas de las espadas colocadas en bloque, todo ello para señalar que, reunidas, las corrientes de actividad representadas por las espadas toman contacto con lo impersonal, y representan un amasamiento de las fuerzas, mientras que son distintas en su recorrido.

Al ser esta mezcla siempre azul arriba y abajo, y amarilla a izquierda y a derecha, indica que la actividad mental se desarrolla bajo la forma espiritual en los planos superiores y en forma psíquica en los planos inferiores, mientras que se reviste de mentalidad en el trabajo del «yo» interior y en la toma de contacto con las fuerzas exteriores (el «yo» se sitúa en la parte izquierda de la carta, y el «no-yo» en la parte derecha).

En esta carta las cuatro flores exteriores, más reducidas que en las cartas precedentes, representan dispersiones ocasionadas por la actividad anímica de la construcción.

Significaciones utilitarias en los tres planos

MENTAL. Riqueza fluídica.

ANÍMICO. Sentimientos seguros y profundos, unión sin perturbación.

FÍSICO. Creación, organización con un gran potencial que permite una realización, cualquiera que sea la empresa. Asuntos muy ricos en espiritualidad.

Invertida. Si la flor está dirigida hacia abajo, la carta indica desazón, depresión, tristeza, un sentimiento que se empaña y se aleja.

*   *   *

En su sentido elemental, el Cuatro de Espadas representa la alegría, el ardor interior del hombre, creado por el trabajo y la actividad constructora.

CINCO DE ESPADAS

Sentido sintético

Al representar cuatro espadas esquemáticas atravesadas por la forma exacta de una gran espada, color carne, el Cinco de Espadas simboliza el desprendimiento del empaste de la materia 4 mediante una fuerte actividad mental que extrae su fuerza de las energías vitales y da acceso al ser en un plano superior.

Sentido analítico

Así como en la carta precedente el «yo» era interior, el Cinco de Espadas lo manifiesta en el exterior. En efecto, la rama ha desaparecido, no quedan más que las cuatro flores exteriores (algo más abiertas), indicando aportaciones procedentes de la carta, yendo hacia el exterior y llevando apaciguamientos y esperanzas.

La punta de la espada, al sobrepasar el círculo formado por las espadas esquemáticas, después de haber sido encerrada en su interior, marca la transición del plano cuaternario a otro plano. Desde el punto de vista psicológico, muestra la fase en que el ser, al trasponer su actividad hacia afuera, toma allí una concepción más neta por comparación con el exterior; dicho de otro modo, esta carta simboliza una toma de conciencia, a través del ser, de su propia individualidad, con relación a lo Universal.

La hoja y la empuñadura de la espada central, de color carne, indican, como en el Tres de Espadas, su actividad y su firmeza en lo físico; la guardia amarilla, que una voluntad inteligente preside su acción sobre la materia para dirigirla hacia el espíritu, y el puño rojo, que su actividad mental saca sus reservas de una materia ya purificada.

La forma del pomo y las espadas en semicírculo tienen la misma significación que en el Tres de Espadas, y con respecto a las guardias y a los topes, la misma que en el Dos de Espadas.

Significaciones utilitarias en los tres planos

MENTAL. Pensamiento voluntarioso y claro. Decisión. Inteligencia comprensiva de los acontecimientos.

ANÍMICO. Esta carta es poco anímica, porque toma en una cuestión psíquica su lado intelectual. Si se trata, por ejemplo, de una unión, habrá un matrimonio de razón y no de arrebato, porque su actividad, al venir detrás del Cuatro de Espadas, implica un esfuerzo sobre una pasividad que conduce a un sacrificio de lo anímico.

FÍSICO. En vías de éxito. Avance hacia un resultado positivo. Poder de acción sobre los acontecimientos.

Invertida. Obstinación, torpeza, obstáculo, porque la punta entra en el suelo y allí está fijada. Negocios difíciles de maniobrar. Detención muy seria.

* * *

En su sentido elemental, el Cinco de Espadas representa la decisión que el hombre toma para zanjar las dificultades que le son aportadas por su cristalización en el mundo de los elementos.

SEIS DE ESPADAS

Sentido sintético

PARA realizar el equilibrio de dos ternarios [1] uno espiritual y el otro material, así como la actividad debida a su polarización, el Seis de Espadas está representado por seis espadas exclusivamente esquemáticas, simbolizando, en consecuencia, corrientes del subconsciente cada vez más sutiles. Estas desarrollan una rama florida cuyos cinco pétalos, de color amarillo con flor roja, se apoyan en una base blanca, lo que significa un esfuerzo de puesta en equilibrio de lo mental con el mundo material, mediante un estado de consciencia interno ya evolucionado.

Sentido analítico

En un círculo, el centro está considerado como un punto abstracto, puesto que no se conoce más que como el punto de convergencia de radios iguales, mientras que la circunferencia es visible y está en contacto con el exterior del círculo; de ello resulta que los elementos destinados al interior del círculo serán tanto más sutiles cuanto más se aproximen al centro y tanto más concretos cuanto que se sitúen más cerca de la periferia.

[1] Ver Generalidades sobre los números del 1 al 10, en el número 6, pág. 131.

Por eso las espadas negras significan las corrientes de actividad mental, en profundidad o en superficie del subconsciente, según que sean interiores o no.

Lo que acaba de ser expuesto aquí arriba se aplica esencialmente a la rama que ocupa el centro.

La comparación de esta rama con la que figura en el centro del Cuatro de Espadas muestra el trabajo que se ha realizado de una carta a la otra; esta está más acabada, encierra elementos menos dispares, menos elementales, como las dos hojas amarillas del Cuatro de Espadas; y, por otra parte, el pequeño fruto negro, que representa una necesidad de selección y de eliminación, está más próximo al cáliz, lo que indica una supresión menos grosera.

Pero lo más importante es el soporte blanco, bajo los pétalos. Mientras que el tinte negro caracteriza lo invisible: lo que está en la oscuridad, el blanco indica lo que no se ve, porque no destaca del ambiente, o más generalmente la luz blanca, como síntesis de los colores y símbolo de la pureza anímica o de los estados superiores. Este soporte blanco indica, pues, la orientación de los elementos floridos hacia un estado superior mediante el apoyo que le es aportado.

En el Cuatro de Espadas, el brote rojo (florecimiento en las actividades materiales) está separado de los siete pétalos amarillos por una corola azul, mientras que en el Seis de Espadas los pétalos aparecen en número de cinco y la corola que los separa es roja; el psiquismo (azul), considerado necesario en el Cuatro de Espadas, para permitir la transición entre lo mental (amarillo) y el brote, desaparece, puesto que un apoyo blanco (de orden superior) se añade al trabajo de desarrollo de la rama y permite una toma de contacto directo entre lo mental (florescencia de los pétalos amarillos) y el empuje en la materia simbolizada por el botón rojo. La flor en las cartas representa una fuerza psíquica interna, pero consciente de sí misma; el botón indica el efecto de esta fuerza para manifestarse en lo físico, el psiquismo o lo mental, según que sea rojo, azul o amarillo.

La misma significación que en el Cuatro de Espadas respecto al corte rojo del tallo.

Las cuatro flores exteriores son emanaciones de la rama que se manifiestan exteriormente.

El mismo significado de las espadas en semicírculo que en el cuatro de Espadas, y con respecto a las guardias y a los terminales, lo mismo que en el Dos de Espadas.

Significaciones utilitarias en los tres planos

MENTAL. Ideas creativas, concepción de empresas a realizar, arranque de ideas renovadoras.

ANÍMICO. Protección efectiva reconfortante. Relaciones utilitarias entre personas.

FÍSICO. Gestación, maternidad, con esperanza de éxito. En el caso de un negocio: desarrollo equilibrado. Armonía. Seguridad.

Invertida. Desórdenes mentales. Tribulaciones en los negocios. Lo que se espera saldrá disminuido o amputado. Afinidad para el mal o lo inarmónico.

*   *   *

En su sentido elemental, el Seis de Espadas indica la actividad mental del hombre dirigida por él para llevar a cabo la puesta en orden y la conciliación de las fuerzas materiales.

SIETE DE ESPADAS

Sentido sintético

LA espada azul, de forma definida, que, en el Siete de Espadas, atraviesa el óvalo formado por las seis espadas esquemáticas, representa un ímpetu anímico que libera las corrientes de actividad mental enterradas en el subconsciente.

Esta carta simboliza, por tanto, el entusiasmo que se somete a verificar sus conocimientos íntimos, adquiridos mediante la experiencia.

Sentido analítico

7 = 6 + 1; 6 ha acumulado riquezas, mediante el trabajo que equilibra el ternario espiritual con el ternario material; la fuerza, que se añade al 6, tiene por objeto ponerlas en juego. Para ello, la espada desune el óvalo y simboliza el acto de voluntad que sigue al arranque anímico y permite, mediante este choque interno, hacer sensible el trabajo del subconsciente y conocer las posibilidades que están en sí; dicho de otra forma, se trata del ser que, habiendo tomado conciencia de su equilibrio (mediante el 6), tiende a conocerse mediante la acción, es decir, mediante la imposición de su huella (la abertura del óvalo).

La espada concreta es azul, porque 7 es un número de actividad sensitiva: por tanto, la lucha se realiza en el plano psíquico con éxito y debe hacer afluir el trabajo de las cartas que preceden, espiritualizando mediante el color azul de la espada la torpeza de aquellas. Lleva una sola raya negra a todo lo largo, mientras que la hoja de la espada azul del As posee en su base un refuerzo de otras dos líneas, y las hojas de color carne de las espadas del Tres y del Cinco tienen una doble línea negra en su arranque, porque el Siete de Espadas, al ser más activo, encuentra menos resistencias, estando estas simbolizadas por las rayas negras.

La guardia amarilla y el puño rojo son semejantes a los del Tres y el Cinco, pero la forma del pomo amarillo es diferente, mostrando así una actividad más concreta y la inteligencia en la materia.

La explicación de las espadas esquemáticas no varía respecto a esta carta. La de las flores exteriores es semejante a la del Dos y el Tres de Espadas, pero con una potencia acrecentada.

Significaciones utilitarias en los tres planos

MENTAL. Comprensión de las cosas, claridad de ideas, juicio equilibrado.

ANÍMICO. Armonía, psiquismo, altruismo, unión, concordancia de opiniones.

FÍSICO. Puesta en camino armoniosa, logros.

Invertida. Depresión, oscuridad, falta de inspiración, tanteos para desligarse.

* * *

En su sentido elemental, el Siete de Espadas representa la prueba a que el hombre está obligado a someterse para tomar conciencia de un conocimiento y sin la que no podría penetrar su sentido íntimo.

OCHO DE ESPADAS

Sentido sintético

Eʟ sentido sintético del Ocho de Espadas está caracterizado por la flor azul en el óvalo que, al colocarse en el centro y representar el cuadrado mediante dos cruces, una espiritual y la otra material, simboliza un equilibrio interno entre los dos infinitos que coexisten en el plano superior del ser, indicando así la posibilidad de su futura liberación.

Sentido analítico

El 8 se resuelve en dos cuadrados (8 = 4 + 4), que, como todo lo que es visto por analogía, difieren en extremo. El cuadrado se descompone geométricamente de dos maneras, mediante dos líneas en cruz y mediante dos diagonales; las primeras simbolizan lo espiritual y las segundas la materia. Su unión en forma de cuadrado determina una estabilidad perfecta; y el azul, que la colorea con exclusión del amarillo y del rojo, muestra que se produce únicamente a través del psiquismo del ser.

Las cuatro flores exteriores, de las que el amarillo está igualmente ausente, son manifestaciones sensibles del trabajo interno y consciente del ser, que realiza únicamente una fusión de lo espiritual y de lo material.

Esta fusión, al hacerse en un equilibrio armonioso, engendra en el ser una mística, un deseo de proyección en los planos de lo alto.

El amarillo no aparece más que en el trabajo de amasamiento de las actividades mentales que tiene lugar en las corrientes subconscientes del ser, representadas por las espadas esquemáticas, trabajo que se lleva a cabo fuera de su voluntad.

El Ocho de Espadas es la única forma par de las Espadas en la que las guardias de las espadas esquemáticas están colocadas como las de las impares: amarilla a la derecha, arriba, y roja, a la izquierda. Como ya quedó explicado en el Tres de Espadas, esto es en representación de un equilibrio cuaternario y para precisar que la inteligencia divina, mediante esta carta, penetra la actividad humana.

Significaciones utilitarias en los tres planos

MENTAL. Elevación del espíritu, comprensión del esfuerzo espiritual, del arrebato místico.

ANÍMICO. Desinterés, amor que lleva a servir a las masas, apostolado.

FÍSICO. Estabilidad en la acción. Mejores resultados de orden espiritual que de orden material. Paralización, por efecto de situación conseguida, y que constituye un equilibrio consumado que habría que romper para tender hacia otras direcciones.

Invertida. Al ser la carta simétrica, no puede invertirse, indicando que representa un equilibrio del que no puede salir nada malo.

*   *   *

En su sentido elemental, el Ocho de Espadas representa el esfuerzo de liberación del hombre mediante una evolución interior, consecuencia de sus actividades mentales, y que se traduce objetivamente como una recompensa, otorgada por el destino.

NUEVE DE ESPADAS

Sentido sintético

La espada central con forma precisa y de color amarillo que, en el Nueve de Espadas, desune el óvalo formado por las ocho espadas esquemáticas, simboliza un esfuerzo mental hecho para romper la estabilidad que la armonía del 8 tiende a crear, realizando así una evolución más compleja y más rica en el orden de ideas.

Sentido analítico

La riqueza evolutiva a que puede conducir el 9 consiste en aquello que termina el sistema de unidades individuales, porque el último número, el 10, tiene un sentido analógico de orden general y sintético que cierra un ciclo para abrir una perspectiva de períodos indefinidos.

Las florecitas exteriores [1] son las expansiones que necesita el trabajo de las actividades mentales del Nueve de Espadas, para que pueda cumplirse en la claridad y en la comprensión de sus repercusiones; dicho de otra forma, se trata de discriminaciones que el ser está

[1] Estas tienen un formato más reducido que en ninguna otra Carta de Espadas precedente.

obligado a hacer en el curso de sus búsquedas deductivas; es decir, de sus informaciones en el medio.

El trazo horizontal en mitad de la espada central representa una ligera rotura debida al doloroso esfuerzo de voluntad que el ser está obligado a hacer para romper la fuerte pasividad del 8.

El máximo número de espadas esquemáticas se queda en 8, porque el número 10 solamente contendrá las mismas ocho Espadas. Esto va unido al equilibrio de los dos cuaternarios del 8, que realiza una síntesis y permite a las corrientes de actividad mental que se producen en el subconsciente ser completas. Una actividad nueva, al introducir el número 5, implicaría una transición, lo que sería incompatible con la noción de finalidad que caracteriza al 9.

Sin embargo, la idea de continuidad de los números reaparece, no sucesivamente, lo que sería contradictorio con lo que se acaba de decir, sino virtualmente, por el seccionamiento de las espadas en cuatro trozos, lo que lleva al número 16, que se dobla a su vez y forma 32 arcos, si se añaden los arranques de las espadas en las cuatro esquinas de la carta. Estas cuatro repeticiones de 8 engendran un equilibrio dinámico que se asienta efectivamente en el 8 y que evoca la noción de una repetición indefinida bajo formas de octavas sucesivas.

Para completar lo que ha sido dicho respecto a estos seccionamientos en el Dos de Espadas, hay que señalar que los cuatro puntos de división se sitúan en los extremos de los cuatro ejes. El encuentro de las espadas esquemáticas, en azul, sobre el eje vertical indica un psiquismo que mezcla el número total de las espadas en lo alto y en lo bajo. El número de espadas caracteriza, en este caso, el número de impulsos con base emotiva que entran en un acto de voluntad, mientras que la interrupción, en amarillo, de las Espadas, indica el acto de voluntad en sí mismo en su expresión mental. La impulsividad se sitúa sobre el eje vertical en razón del carácter activo de este último, situándose la voluntad que desencadena y que es el fruto del trabajo interno y externo del ser sobre el eje horizontal, por analogía.

La hoja, la guardia y el pomo son amarillos para señalar la intervención de la inteligencia, siendo el puño rojo y estriado en negro como todas las espadas concretas.

Significaciones utilitarias en los tres planos

MENTAL. Actividad mental, claridad, inspiraciones en todo lo que sea de orden intelectual.

ANÍMICO. Estado afectivo; amor iluminado por la inteligencia, poderoso, no por el lado material, sino por su profundidad.

FÍSICO. Asuntos brillantes, conducidos con un dominio que da el éxito.

Invertida. Falso juicio (el espejo del 8 está empañado y refleja, deformándolas, las cualidades cósmicas). Pretensión injustificada a juzgar.

*   *   *

En su sentido elemental, el Nueve de Espadas representa para el hombre la necesidad de realizar un trabajo perseverando para desligarse de las contingencias susceptibles de crear en él una estabilidad engañosa, que paralizaría su evolución, impidiéndole hacer penetrar los rayos intelectuales en la elaboración de la materia y adquirir el dominio sobre ella.

DIEZ DE ESPADAS

Sentido sintético

AL representar el número 10, el equilibrio final de un primer ciclo evolutivo para servir de base a los ciclos siguientes, el Diez de Espadas hace manifiesto este trabajo, a un tiempo de perfeccionamiento y de transición, mediante la disposición de dos espadas, de formas precisas, cuyas puntas permanecen en el interior del óvalo de las ocho espadas esquemáticas y cuyas guardias quedan en el exterior, en tanto que esta disposición es inversa a todas las Cartas de Espadas impares precedentes.

Simboliza, de esta manera, la dirección consciente impuesta por el ser a sus actividades vitales, tanto para asegurarse una protección interior mediante el conocimiento de fuerzas que se equilibran, como para sintetizarlas en una unidad, susceptible de repetirse de nuevo con el beneficio de sus conocimientos.

Sentido analítico

El dibujo del Diez de Espadas muestra que se le puede considerar como representado por: $8 + 2 = 5 + 5 = 10$, según que se le considere como: $8 + 2 = 5 + 5 = 10$, o según que se le tome en su conjunto (8 espadas esquemáticas + 2 espadas concretas) o sucesivamente, por la izquierda $(4 + 1)$ y la derecha $(4 + 1)$.

En el primer caso, 8 constituye un estado de equilibrio pasivo, puesto en fermentación por la actividad interna del 2 [1]. En el segundo caso, cada 5, por su naturaleza, implica un estado transitorio pero al evocar las analogías cualidades y no cantidades, los dos 5 son de naturalezas diferentes y, en particular, opuestas y complementarias, a causa del número 2. Estos dos 5 corresponden a un estado vibratorio, uno en el plano físico y el otro en el plano mental; traduciéndose el todo en un trabajo pasivo, es decir interno.

Las puntas de las espadas quedan en el interior del óvalo y se apoyan sobre las guardias rojas y amarillas de las espadas esquemáticas para mostrar que no están puestas allí para romper el óvalo y actuar en el exterior, sino para disciplinar o contener, mediante la detención protectora y unificadora de la voluntad, los desórdenes que podrían resultar del amasamiento anímico (azul, del cruce de las espadas) de las corrientes del subconsciente.

La situación en el exterior de los puños de las espadas concretas indica el libre albedrío del ser, puesto que, mediante esta disposición, puede tomar libremente con su mano (analógicamente, por su acto de voluntad) la guardia, para reunir las corrientes psíquicas esparcidas (color azul de las espadas) y permitirles penetrar en el 8.

La espada verdadera de la derecha lleva una cruz negra sobre su hoja, y su puño amarillo y su guardia roja alternan sus colores con la espada de la izquierda; además, estas dos espadas atraviesan, por su centro, las cuatro esquemáticas y salen por el amarillo central, para desembocar, con sus puntas, en los topes amarillo y rojo, mostrando de este modo la actividad psíquica y espiritual presta a manifestarse.

Las flores exteriores no son más que dos, en lo alto de la carta, en lugar de cuatro, como en las Cartas del Dos al Nueve de Espadas, y son la consecuencia de la perfección del Diez de Espadas y de su equilibrio: actividad y pasividad, y solo las flores espirituales se han mantenido.

[1] El lector se remitirá al sentido del número 7, pág. 144.

Significaciones utilitarias en los tres planos

MENTAL. Juicio equitativo, humanitario.

ANÍMICO. Satisfacción y acuerdo místico sobre todo sentimiento, en un amor purificado. Afecto muy elevado.

FÍSICO. Filosofía ante las cosas materiales. Favorable actitud ante los acontecimientos mediante un dominio de sí mismo y un equilibrio sentimental. Asunto sostenido providencialmente. Salud que requiere un sostén más nervioso que físico, posibilidad de anemia nerviosa.

Invertida. Desorden sentimental que falsea el juicio.

*   *   *

En su sentido elemental, el Diez de Espadas representa el sentido anímico del hombre que, cuando está aclarado por el armonioso equilibrio de sus experiencias, le permite actuar con conocimiento de causa, así como realizar en torno a él envolvimientos afectuosos, a la manera de una maternidad que vela y protege sus creaciones.

COPAS

AS DE COPAS

Sentido sintético

LA Copa implica pasividad sobre pasividad, porque se trata del trabajo interior del hombre sobre sí mismo.

El As simboliza, mediante la copa de color rojo, una receptividad en el plano de las actividades materiales, basada en la inteligencia del ternario, punto de apoyo de los mundos (color amarillo del pedestal triangular) y receptáculo del pensamiento divino concretado bajo el aspecto tangible del Sagrario.

Esta disposición muestra que la Copa es el punto donde lo espiritual y lo material entran en contacto. Esta comunión, simbolizada por el semicírculo rojo representando la hostia y la copa, cerrada sobre su contenido, indica el trabajo interno que se ha realizado en todo ser para equilibrar en sí mismo lo que ha podido retener de las riquezas del amor divino con los conocimientos realizados por él en la materia. Este trabajo interno permite al hombre tomar conocimiento de sí mismo en medio de la imaginación y de la sensibilidad, siendo la una el punto de contacto del alma con el plano espiritual mediante el misticismo, y la otra la toma de conciencia elemental con la materia.

La Copa, por lo que encierra, implicará siempre una elaboración interna, disimulada en la pasividad y la incertidumbre de la acción.

Sentido analítico

La Copa ha sido elegida como símbolo de la receptividad esencialmente pasiva, porque es un recipiente que, con su tapa, se convierte en una esfera, es decir, un receptáculo cerrado, que mantiene las fuerzas internas y permite su desarrollo en vaso cerrado.

El As de Copas abre la puerta al desprendimiento del espíritu y al sentimiento interno de las riquezas y de los conocimientos acumulados por el ser en los diferentes planos de lo anímico, revistiéndose la riqueza espiritual de materia y entrando en la sensibilidad cuyos diferentes planos anima.

Esta carta representa una noción de parada y suspensión, porque lo que hay en la Copa está encerrado, simbolizando la elaboración que el ser hace en sí mismo en presencia de los diferentes aspectos de las cosas.

El As de Copas representa el pensamiento espiritual transpuesto bajo una forma concreta. Está representado bajo la forma de una copa para mostrar que el hombre puede envolverlo y absorberlo en su mental superior. Está coronada por una construcción en forma de sagrario o símbolo del Grial, significando que el aporte espiritual de lo divino es una riqueza que debe ser envuelta y protegida, porque todo pensamiento divino concretado que se disperse no alcanza su objetivo y no fructifica. Su color de oro, así como el pedestal, y la parte central, roja, uniéndolos, indican una polarización entre lo alto y lo bajo; la Inteligencia Divina desciende, por la comunión, a las bases de los seres y de las cosas, después de haber atravesado la materia; pero como el sagrario es más macizo que el pedestal, hay predominio de lo espiritual.

La copa roja sostiene el septenario indicado por las siete torretas amarillas, que, con sus siete cúpulas rojas, muestran, mediante 7, que la elevación del hombre debe establecerse a través de todas las escalas vibrantes de su alma, expresándose en lo más alto del plano físico.

El motivo central de lo alto, en forma de ojiva, coronado por tres bolas, y encima de un triángulo, evoca la inteligencia universal apoyándose sobre la perfección del triángulo, símbolo de la Trinidad.

Los tres chorros azules manifiestan el impulso psíquico que se precipita hacia la materia, mientras que esta señala su ímpetu hacia lo alto, primero por los 3 óvalos rojos en la parte baja del sagrario, y después por los extremos rojos de las 7 columnas. Este arranque precisa así su manifestación en los 3 mundos, y después su expansión en lo Universal, mediante la actividad del septenario.

El pedestal, por su forma ternaria, al llevar sobre una de sus caras un triángulo y cuatro ondulaciones, recuerda el cuaternario en el ternario, evocando así en el estado latente el número 7, que se va a encontrar florecido en las 7 elevaciones del sagrario.

El azul del soporte indica el apoyo espiritual, que preexiste en toda comunión, no pudiendo realizarse esta sin él. Las 5 hojas azules, en su base, son un símbolo de actividad y de afectividad en lo Espiritual (el 5 indica una nota vibratoria en una actividad).

El suelo, en parte color carne estriada de rayas negras, y en parte blanco, precisa que esta copa anímica reposa tanto sobre las actividades vitales del plano psíquico como sobre la luz del plano abstracto.

Significaciones utilitarias en los tres planos

Esta carta se halla en relación con lo Universal, porque está basada sobre el septenario y esencialmente sobre el ternario. Es un potente aporte espiritual y una gran protección psíquica. No desciende al plano anímico individual como el amor maternal, sino que se mantiene en los planos superiores.

Las Copas están en relación con el altruismo y los aportes espirituales, y el As de Copas, por sí mismo, abre las puertas al desprendimiento del espíritu.

MENTAL. Juicio claro, inspirado, contra el que no hay que recurrir.

ANÍMICO. Belleza de sentimientos, elevándose por encima del detalle personal. Altruismo, obras de beneficencia. Educación de masas.

FÍSICO. En contacto con las cosas elevadas de la materia. Grandes empresas. Producciones artísticas de genio.

Invertida[1]. — La protección no se retira, pero sus efectos se hacen sentir menos y es desconocida para aquel que la recibe. El ser se apega a la materia y pierde toda espiritualidad. Materialismo grosero.

*   *   *

En su sentido elemental, el As de Copas representa en el hombre la íntima elaboración de las riquezas adquiridas en todos los planos de lo anímico.

---

[1] En general, las Cartas de Copas invertidas significan que las explicaciones que conciernen al plano físico se cumplen casi sin remisión. La Copa derecha significa plenitud; invertida, imposibilidad de recibir.

DOS DE COPAS

Sentido sintético

AL representar la Copa el elemento esencialmente pasivo del cuaternario de los Arcanos menores, acentúa su pasividad asociándose con el número 2, de naturaleza igualmente pasiva. Como esta se caracteriza por un trabajo interior, el Dos de Copas, a través del árbol vital y florido que surge de una base roja entre las dos copas y que se ramifica en una triple corriente rematando en dos cabezas de animales de bocas aspiradoras, significa la expansión de una fuerza anímica, provocada por la polaridad de las dos copas, tomando su origen en los deseos materiales y expandiéndose en una triple corriente que devora sus propias emanaciones.

Simboliza el trabajo íntimo del alma humana ordenando y construyendo sus aportaciones anímicas y absorbiéndolas para alimentar sus quimeras, siempre conservando los conocimientos de sus experiencias mentales.

Sentido analítico

El número 2 significa equilibrio mediante pasividad.

La dualidad, interponiéndose entre las dos copas por medio del árbol vital, significa la generación en todos los dominios, porque al apoyarse aquel sobre el rojo, indica que toma su sustancia en las actividades materiales. El tronco del árbol, situado entre ambas copas, muestra que es una emanación de ellas. Representa todos los estados de la materia en facultad de ser, animados por la vida física. Al principio, el tronco es azul, indicando que comienza por la espiritualidad, para abrirse a continuación en el collarín simbolizando las energías materiales de las que precisa para vitalizar el árbol. El tronco blanco [1] que sigue en una extensión anímica que, al combinarse con fuerzas más altas, se sintetiza.

Las quimeras devoradoras son el reflejo espiritual de las dos copas; es decir, una pasividad del espíritu que, en su fermentación interna, se nutre de las producciones superiores de la materia simbolizadas por la flor de arriba de la carta, con el fin de mantenerse, con vistas a una futura manifestación.

La importancia de esta carta es grande, por la riqueza de la floración.

El tronco azul apoyándose sobre una base roja, representación del mundo material de los instintos y de los deseos inferiores cuya inconsistencia se revela por un tinte plano, representa al hombre queriendo concretar sus sueños, que tienen una base inconsistente, concebidos únicamente por el deseo. Sucintamente, en este orden de ideas, puede decirse que esta carta significa posesión y manifestación de deseos latentes.

El collarín rojo representa el desarrollo de sus tendencias y su organización en la materia, siempre conservando una fuente de espiritualidad (azul en el centro), de donde emana secretamente (tronco blanco) un primer arrebato intelectual, simbolizado por las dos hojas amarillas, y seguidamente por su extensión, en forma de quimeras.

El motivo central de donde se alimentan las quimeras está constituido por un vaso rojo; es decir, por un soporte de actividad material que mantiene todo un trabajo fluídico y anímico (azul) muy vibrante (5 pétalos) que corresponde a la fermentación señalada más arriba y de donde brotan una flor roja y llamas intelectuales (amarillas), simboli-

---

[1] El blanco, empero, en los Arcanos menores, con excepción de los troncos, no implica, en principio, una síntesis, sino una corriente más espiritual, más elevada que las otras, una iluminación, un enriquecimiento.

zando las experiencias mentales indicadas mediante la conclusión del sentido sintético de la carta.

La forma del pie de las copas, cuyas tres secciones son visibles, es la imagen de la Trinidad, de la que solo nos es perceptible un aspecto; las líneas negras (del Dos de Copas al Seis, ambos inclusive) indican las resistencias en la materia y, al partir las líneas negras la copa en cinco secciones, la unidad correspondiente del hombre.

En general, las copas son amarillas en el exterior y dejan percibir un interior rojo para indicar que las elaboraciones de los sentimientos pasionales (rojos) que se realizan en el interior están envueltas por la inteligencia (amarillo) con vistas a su coordinación. El azul no aparece en las copas, se muestra solo sobre las flores o los adornos, porque la espiritualidad es engendrada por la fusión de la inteligencia con la materia, fusión que es un acto de amor.

Significaciones utilitarias en los tres planos

MENTAL. Iluminación después de un tiempo de oscuridad, en razón de la inercia aportada por la fuerte pasividad de la carta.

ANÍMICO. Fuerza íntima, sólida, sobre la que uno puede apoyarse, a menos que se transforme en pasión devoradora.

FÍSICO. Asuntos ricos en potencial, que necesitan una acción exterior moral o mental para revelarse. Salud: equilibrio, si se está bien; estacionaria, si se está enfermo.

Invertida. Desorden o destrucción en la actividad de las construcciones sentimentales.

*   *   *

En resumen, en su sentido elemental, el Dos de Copas representa un ímpetu de los deseos materiales resolviéndose en una amplia expansión del alma al alimentar sus tendencias instintivas y egoístas, siempre dejando un conocimiento, fuente de una futura evolución.

TRES DE COPAS

Sentido sintético

LA unidad activa y de orden superior que entra en la composición del 3 (3 = 2 + 1) está indicada por la copa de arriba, netamente separada de las otras dos por las ramificaciones de una planta que tiene su raíz entre las dos copas inferiores y se abre contra la copa superior mediante ramas floridas y hojosas.

Esto simboliza la evolución de las reservas acumuladas en el Dos de Copas bajo la acción de un anímico superior; evolución representada ante todo por las raíces que tienen su origen en los estados instintivos engendrados por las receptividades inferiores (las dos copas de abajo), y después por un paso a través de diferentes estadios para aportar elementos purificados susceptibles de hacer aparecer una expansión en lo espiritual.

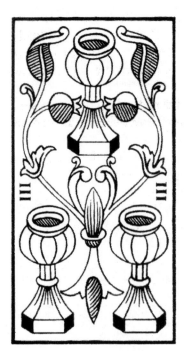

Sentido analítico

La copa superior, símbolo de los conocimientos superiores del ser, se apoya en una base fuertemente inspirada por el psiquismo, como lo indican la envoltura azul de la base roja y los dos adornos azules que la sostienen directamente.

Esta base tiene un motivo central amarillo (mental) de donde parten tallos blancos intentando cercar la copa. Dichos tallos son manifestaciones psíquicas, todavía demasiado abstractas y sintetizadas por las fuerzas de lo alto, sin raíces sólidas. Se trata de los pensamientos que lo mental querría implantar en lo físico. La floración y las hojas azules y rojas indican el tirón hacia la materia así como las realizaciones de lo espiritual mediante las energías físicas. Las hojas [1] vueltas y en declive precisan la falta de fuerza de estos pensamientos. Los dos embriones rojos son retoños.

Las dos adormideras, símbolo del sueño, que alcanzan la copa hacia su mitad, subrayan aún más el atractivo de la pasividad y el florecimiento de la pasividad emotiva bajo el efecto de la actividad. Se aproximan al centro del pie de la copa y no a su cima, porque hay combinación armoniosa de lo pasivo y de lo activo y no actividad pura, al ser el 3 un número de equilibrio.

Por último, solo la copa superior está rodeada porque, pese a todo, la forma-pensamiento es una riqueza que debe ser absorbida por la copa principal.

Las dos copas inferiores están situadas en el plano del deseo de la carta precedente y aún están desprovistas de actividad.

Significaciones utilitarias en los tres planos

MENTAL. Al ser receptáculos, las Copas toman, por este hecho, un valor espiritual. El 3 es una penetración espiritual para una formación en la materia.

ANÍMICO. Realización anímica.

FÍSICO. Aporte espiritual. Encarnación del espíritu en la materia.

Invertida. Materialismo exagerado. Superficialidad. Excesivo apego a la materia.

* * *

En su sentido elemental, el Tres de Copas representa la sublimación de una receptividad instintiva en riquezas de lo anímico superior.

---

[1] Las estrías negras indican los obstáculos a superar.

CUATRO DE COPAS

Sentido sintético

POR el aislamiento de sus copas y por la rica floración de su tallo central, el Cuatro de Copas representa el trabajo anímico interior que prepara la elevación del espíritu fuera de la materia.

Sentido analítico

La Copa representa un condensador de influjos; situadas en las cuatro esquinas de la carta, es decir, en las cuatro direcciones del espacio,

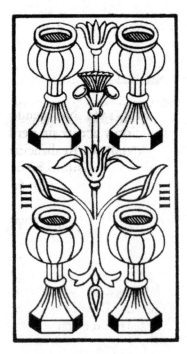

simbolizan la aspiración de las fuerzas cósmicas en el equilibrio relativo de lo espiritual y de lo material.

La corriente ascendente y el trabajo interior, con sus manifestaciones en los diferentes planos de la escalada, están indicados por el tallo con sus floraciones sucesivas.

La extremidad roja indica que el tallo toma su raíz en las profundidades de la materia. El predominio del trabajo material sobre el espiritual, ya indicado por el 4, que simboliza los elementos materiales, está marcado aquí por las hojas que recubren las dos copas de abajo, formando así una protección, un aporte de fuerza que no existen en las de arriba. Estas hojas son de forma afilada en razón de la actividad psíquica de la carta. Contrariamente a la carta precedente, el azul de las hojas es liso y sin estrías negras, lo que significa la capacidad de radiación en todos los planos sin encontrar resistencia; el rojo del exterior confirma su actividad.

La armonía del tallo, tomando sus raíces en la materia, está manifestada por el florecimiento de la flor roja, en tanto que la corola azul reducida significa que hay espiritualidad, pero en estado latente.

De esta flor roja sale un tallo blanco, terminado en una flor azul de 5 pétalos. Este tallo significa una escalada hacia lo espiritual por medio de un sentimiento de expansión hacia lo Universal, figurado por los botones azules que lo rodean, traduciéndose la plenitud de este sentimiento mediante la síntesis del blanco.

Significaciones utilitarias en los tres planos

MENTAL. No siendo mental la carta, hay que fiarse de la intuición y actuar sin perderse en análisis.

ANÍMICO. Realización anímica, aportaciones favorables estables.

FÍSICO. Asunto bien establecido, bien comenzado, que tendrá estabilidad y duración. Seguridad en lo que se refiere a la salud.

Invertida. Estancamiento, estorbo, trastornos de circulación.

*   *   *

En su sentido elemental, el Cuatro de Copas representa las reservas que el hombre acumula mediante sus esfuerzos psíquicos y que se traducen para él en un provecho como cualidad y como extensión.

CINCO DE COPAS

Sentido sintético

EL Cinco de Copas indica la profunda intuición que se hace cargo de las riquezas anímicas del pasado y que comienza a florecer con fuerza en los planos superiores, siempre preparando la evolución del Siete de Copas por intermedio del Seis de Copas.

Esto está representado por la copa central, coronando la raíz de abajo doblemente florecida, y de donde emana un potente brote cerca de su floración.

Sentido analítico

La unidad, que, junto con el 4 ($5 = 4 + 1$), realiza la transición de lo material a lo espiritual, está representada por la copa central. Esta constituye el elemento medio que une el trabajo de las dos copas de abajo con el de las dos copas de arriba y lo hace fructificar.

El trabajo de las dos copas inferiores está completo, al poseer todos sus elementos la floración que lo representa: raíz, tallos polarizados, flores y retoños; está enterrado en las profundidades del ser, es decir en el subconsciente, y por eso la copa central está envuelta sin ser tocada, al no tener el subconsciente, por definición, ningún contacto perceptible con nosotros.

Las dos flores rojas, en forma de margaritas, con anchos pétalos, son expansiones de la materia que alcanzan el pie de la copa central para ayudar a su evolución. Su origen en el Cuatro y su preparación hacia el Siete se indica mediante los cuatro pétalos redondeados, entre los que se intercalan otros tres pétalos, que señalan su nacimiento por su pequeñez y una penetrante actividad por su forma en punta.

El trabajo de las copas superiores está representado por un fuerte tallo, que se expande en corola azul, sostén anímico, de donde brotan dos hojas horizontales y una flor en formación. Las dos hojas azules y rojas, tornadas horizontalmente y redondeadas en su extremo, determinan su pasividad e indican que son reservas de fuerzas que constituyen un sostén espiritual; las estrías negras son obstáculos a superar. Estas hojas son engendradas por un ímpetu anímico inspirado por el amor universal, sentimiento sintético representado por el blanco de sus tallos, síntesis de los colores.

La flor de arriba, en un casco azul protector, muestra que aún tiene que sufrir una gestación que le permitirá alcanzar el Siete a través del Seis.

El rojo en corola, alrededor de la flor ovoide, indica un reflejo de la materia arrastrada por la subida, porque no estando terminada la evolución de las copas, hay una llamada de la materia; además, esta debe participar en el perfeccionamiento.

Finalmente, el haz amarillo, saliendo del casco azul, indica la voluntad mental de terminar.

Significaciones utilitarias en los tres planos

MENTAL. Claridad en la concepción. Dominio sobre los elementos en presencia.

ANÍMICO. Arrebato místico, ternura materna, sacrificio por amor, impregnación de amor universal.

FÍSICO. En negocios: aportación de seguridad para orientar los acontecimientos o dirigirlos con sutileza. Desde el punto de vista de la salud: vitalidad delicada, salud frágil sostenida por una gran fuerza de espíritu y por un equilibrio nervioso.

Invertida. Detenimiento en la evolución, efectos graves, tristeza, desánimo, angustia, desesperación.

* * *

En su sentido elemental, el Cinco de Copas representa, por parte del hombre, la organización de las percepciones y de la sensibilidad, extraídas de las experiencias del subconsciente, para tomar impulso sobre el trampolín de los sentimientos materiales y alcanzar el plano de lo espiritual.

SEIS DE COPAS

Sentido sintético

EL Seis de Copas se compone de tres copas a la izquierda y tres copas a la derecha, separadas por un complejo tallo, compuesto de tres partes: una raíz, un florecimiento central, un crecimiento terminado en un brote, y representa, en consecuencia, las fuerzas físicas, anímicas y espirituales necesarias para permitir el trabajo, a la vez involutivo y evolutivo, de todo ser; trabajo implicado además por el número 6, puesto que este simboliza la gestación, la elaboración producida por la interpenetración de ambos ternarios, uno espiritual e involutivo, y el otro material y evolutivo.

Sentido analítico

El tallo caracteriza esencialmente la carta. De las tres partes que lo componen, el centro, formado por la doble cruz, una roja y la otra azul, es un elemento receptivo complejo y equilibrado por la disposición del doble cuaternario, un rojo físico, y el otro azul psíquico, dando vueltas en torno a un hueso formado de materia, representado por el circulito central. Este centro se apoya abajo sobre un anímico concreto, representado por una complicada raíz, es decir, sobre apetitos e impresiones sensoriales, más que sobre sentimientos; por el contrario, florece hacia lo alto en elementos de lo anímico superior, porque

esta tercera región se presenta, a través de sus formas y sus coloridos, como un enriquecimiento en un dominio superior. Se trata de un florecimiento místico, espiritual, sostenido por la Inteligencia Divina, manifestada mediante el tallo amarillo.

Por otra parte, la punta azul de la raíz está tomada en el plano espiritual, a fin de que sea un soporte en el plano material; y la punta roja, en el extremo superior, significa que el plano material, al tomar apoyo en el plano espiritual, aporta una coronación en su propio plano.

En aplicación de lo expuesto en las «Generalidades sobre los Arcanos menores», pág. 127, se ve, al comparar los elementos del tallo del Cuatro de Copas con los del Seis de Copas, cómo está hecha la evolución del cuaternario al senario. Las floraciones del Cinco de Copas observadas a continuación indican el papel de la actividad de las Copas en modo quinario.

En el Seis de Copas, las copas puramente simbólicas están enteramente apartadas a derecha y a izquierda, porque son más superficiales que el centro, el cual es un florecimiento subconsciente que el ser almacena; las Copas condensan lo que el subconsciente elabora.

Significaciones utilitarias en los tres planos

MENTAL. Juicio activo, sólido, completo, definitivo y benéfico, porque la carta representa una armonía entre lo espiritual y lo material.

ANÍMICO. La misma significación, pero trasladada al sentimiento: sentimientos fuertes, protectores y equilibrados.

FÍSICO. Negocio estable, garantizado, casi inatacable. Salud robusta con tendencia pletórica.

Invertida. Molestia, pesadez, pero momentánea, a causa del movimiento involutivo y evolutivo que entraña una malaxación constante y que tiende a equilibrarse.

*   *   *

En su sentido elemental, el Seis de Copas representa la evolución de los instintos, de los sentimientos y de las intuiciones que el hombre busca para conseguir el equilibrio de sus percepciones.

SIETE DE COPAS

Sentido sintético

El Siete de Copas se caracteriza por la copa central, envuelta en una ramificación cubierta de hojas, que tiene su raíz en la copa central de abajo y termina en dos hojas que envuelven la copa central de arriba.

Simboliza así una toma de conciencia del influjo universal que se hace ante todo en el mundo inferior, desarrollándose a continuación en modo anímico, para fijarse en la mirada. En otros términos, es una mirada del ser que, extendiéndose de arriba hacia abajo, le permite darse cuenta de la complejidad de la conciencia individual y de la conciencia universal, y compararlas.

Sentido analítico

La unidad que entra en la composición del 7 (7 = 6 + 1), y que nace de la suma de dos ternarios (6 = 3 + 3), está representada por la copa central. Siendo toda Copa una condensación psíquica, y simbolizando la parte central de la carta el centro consciente del ser, esta copa central indica un pliegue de la conciencia después del contacto con el exterior para apreciar lo que le circunda.

Las hojas que le rodean, trazadas verticalmente, representan potenciales, y al no estar acompañadas de ninguna flor [1] muestran que la carta realiza esta operación con una fuerte actividad, en razón de la fuerza particular que se asocia con el 7 y, en consecuencia, con la unidad que emana de ella (7 = 6 + 1).

Las dos copas centrales, una abajo y otra arriba, definen el eje vertical de toda carta, y este eje representa la corriente directa de lo espiritual hacia lo material y viceversa; por ello es por lo que se ha dicho más arriba que el Siete de Copas implica una determinación del ser entre la conciencia individual y la conciencia universal. La extensión lateral de la ramificación, a izquierda y a derecha, muestra que este trabajo se realiza tanto de modo interno (lado izquierdo) como de modo externo (lado derecho).

Las cuatro hojas de la carta significan, respecto a las que están pegadas a los tallos, posibilidades de dominio sobre los empujes simbolizados por los tallos blancos y, con respecto a los que los rematan, la limitación de la expansión consciente y de su penetración en lo alto.

Las hojas se alzan en azul, en signo de actividad psíquica y de sentimiento místico, contrariamente a las hojas de las demás Cartas de Copas que se enderezan en rojo, denotando así la actividad en el plano material.

Por otra parte, los tallos blancos, por medio de los diversos brotes de hojas de diferentes colores: azul - blanco - rojo - azul y nuevamente azul, muestran su contacto con la materia de la que se impregnan, lo que constituye una base para la penetración y el envolvimiento de aquella por lo anímico y lo psíquico.

El 7 es un número potente, radiante, luminoso, benéfico; por ello tiene muchos tallos blancos [2] representando un empuje visible y superior que acrecienta el poder de prolongación hacia lo alto.

Las cuatro copas, fuera de la ramificación y situadas en las cuatro esquinas de la carta, indican los estados de conciencia sugeridos por el mundo exterior, tomados en su aspecto concreto o abstracto, según se contemple la copa de abajo o la de arriba.

---

[1] Recordemos que la hoja que, en la naturaleza, fija las reservas de energía, representa un potencial y se asocia con las cartas activas e impares, mientras que la flor, producto de la pasividad, está ligada a las cartas pasivas y pares. Ver «Generalidades sobre los Arcanos menores».

[2] Remitirse al Dos de Copas, pág. 171.

Las siguientes Cartas de Copas: Ocho, Nueve y Diez, son una continuación de la evolución psíquica señalada por los Arcanos menores, menos densa, más espiritual, menos realizadora que el Siete de Copas.

Significaciones utilitarias en los tres planos

MENTAL. Ideas creadoras. Educación y revelación para los demás.

ANÍMICO. Amor protector, vivificante e impersonal: amor a la patria, afán de heroísmo.

FÍSICO. Negocios llevados con claridad de juicio. Decisión sin error; no tiene objeto pesar el pro y el contra minuciosamente, porque el juicio surge intuitivamente y con certeza. Buena salud. Armonía corporal, buena circulación, cualidad de flexibilidad atlética, agilidad del cuerpo.

Invertida. Incomodidad, encadenamiento en todo. Esta carta, invertida, solo puede ser mejorada por el Diez, que, como carta perfecta, restablece a medias el equilibrio roto.

* * *

En su sentido elemental, el Siete de Copas representa la voluntad de expansión del hombre, la comprensión y la realización que son su consecuencia.

OCHO DE COPAS

Sentido sintético

Al representar el 8 como formado por 3 + 2 + 3, el Ocho de Copas atrae la atención sobre las dos copas del centro, tanto más cuanto que están rodeadas de una rica floración, que de este modo determina el equilibrio entre la imaginación sensitiva y creadora y la imaginación receptiva y afectiva con sostén espiritual y material; la copa de la izquierda simboliza el trabajo de condensación de los sentimientos internos del ser, y la de la derecha la elaboración de los sentimientos de expansión; las tres copas superiores y las tres inferiores son los sostenes de lo alto y de lo bajo.

Sentido analítico

El equilibrio de dos cuaternarios, que constituyen la nota esencial del número 8, no aparece aquí sino en la disposición de la floración. Su arranque, en el centro de la carta, sobre una doble cruz azul, con los ocho tallos y las ocho flores u hojas, muestran que este equilibrio se manifiesta en los impulsos y los sentimientos del ser que entran en juego para concertar entre ellos los elementos receptivos y creadores de su anímico.

Se encuentra también una disposición en doble cuaternario de copas, separando las cuatro copas situadas en las esquinas de la carta de las cuatro copas rodeadas por la floración; estas últimas, al ser internas, representan el trabajo psíquico del ser, así como el equilibrio en el juego de su conciencia. Las cuatro copas, en los extremos, significan el apoyo exterior. Las copas interiores que corresponden al cuaternario espiritual, y las copas externas al cuaternario material, constituyen el 8: el primer cuaternario, por su sutilidad, se sitúa en el centro de la carta, y el segundo cuaternario es trasladado fuera; la materia está representada generalmente por las apariencias; es decir, por las envolturas exteriores.

La flor azul central, al simbolizar los dos cuaternarios, emite una expansión hacia la materia para su comprensión y otra hacia lo divino —simbolizado por el disco amarillo—, en forma de una luz blanca que, al penetrar el conocimiento, le aporta un poco de materia. Esto representa lo que debe ser el equilibrio humano.

Las cuatro flores señalan el carácter rico y pasivo del cuaternario medio; las hojas, que son reservas de dinamismo por naturaleza, activan el cuaternario exterior extendiéndose a lo alto y a lo bajo. El color rojo de las hojas vueltas denota la actividad en el plano material.

Como en la carta precedente, los tallos blancos tienen erupciones rojas que muestran el contacto con la materia de que se impregnan, y les sirven de base para la penetración y el envolvimiento de esta mediante el psiquismo, determinado por las flores azules con centro rojo.

La riqueza de la floración indica una gran complejidad, cuya coordinación se hace a través de las copas, condensando cada una en sí misma las corrientes psíquicas en analogía con su posición en la carta.

Significaciones utilitarias en los tres planos

MENTAL. Fijeza en los pensamientos, ideas obsesivas. A desligar lo mental.

ANÍMICO. Afecto de dos seres que no se desprenden de sí mismos.

FÍSICO. Negocios estables, que marchan bien, pero que tienen necesidad de evolucionar. Estado de salud enfermizo que persistirá si no se interviene.

Invertida. Ningún cambio, puesto que la carta es solo buena o mala según el caso enfocado y su entorno.

*   *   *

En su sentido elemental, el Ocho de Copas representa una clarividencia procedente de un juicio equilibrado y seguro, pero que el hombre, no obstante, no puede utilizar más que bajo un impulso apropiado para desligarle de su pasividad.

NUEVE DE COPAS

Sentido sintético

POR su triple representación de un ternario (3 x 3 = 9), el Nueve de Copas simboliza el equilibrio innato del 3 en toda su complejidad y, como consecuencia desde el punto de vista psíquico, la inspiración en todos los modos de lo anímico.

Sentido analítico

Las tres copas de abajo se descomponen en 2 + 1, en razón del particular papel atribuido a la copa del medio, puesto de manifiesto por la sobrecarga y el envolvimiento de dicha copa.

Esto se reproduce todavía más netamente respecto a la copa central que lleva una floración suplementaria, representando así la unidad que se añade al 8 para formar 9. Estas dos copas, inferior y central, han sido evidenciadas para mostrar el trabajo interno que se realiza en el 9 para romper la estabilidad dinámica del 8. La copa de abajo es receptora y reguladora, y la del centro es distribuidora. La aglomeración azul que emana de la copa inferior es una concentración, la de la copa central es una difusión.

De ello resulta que la copa de abajo realiza una condensación de la fuerza espiritual expandiéndose a derecha y a izquierda y buscando tomar raíz en el mundo físico mediante las hojas azules y rojas, de tallos blancos, que se orientan hacia abajo, mientras que la copa del centro, al beneficiarse de este trabajo, difunde hacia lo alto esta fuerza espiritual, creando así el lazo armonioso que debe unir el mundo físico con el mundo espiritual. Esta difusión solo produce hojas, reservas de actividades, reforzadas por su posición vertical [1], afirmando de esta manera la ausencia de todo estancamiento.

La ramificación, intercalándose entre las copas, muestra su labor común, siempre separando los puntos de vista que convienen a cada una de ellas y que precisa su posición en la carta.

En este orden de ideas, la hoja simboliza, además de la actividad, la respiración del ser, es decir, sus cambios cósmicos.

Al tender toda la carta a llevar a la fusión de los dos planos, hay identidad de significación para las copas de arriba.

Significaciones utilitarias en los tres planos

MENTAL. Claridad de juicio, porque el espíritu está revestido de una inteligencia hecha de conocimiento.

ANÍMICO. Esta carta se aplica, desde el punto de vista del sentimiento, a colectividades, a obras altruistas o con espíritu de corporación; a congregaciones, por ejemplo, y no individualmente.

FÍSICO. Negocios en pleno progreso, equilibrados desde todos los puntos de vista. Salud buena, curación de enfermedad, temperamento resistente por su actividad y dotado de gran fuerza nerviosa.

Invertida. Desorden o confusión, porque esta carta es decisiva y aporta tanta confusión en el mal como en el bien, manteniendo el error con continuidad.

* * *

En su sentido elemental, el Nueve de Copas representa las relaciones anímicas armoniosas del hombre con el mundo.

---

[1] La posición horizontal de las hojas entraña la pasividad, como en el Cinco de Copas, por ejemplo.

DIEZ DE COPAS

Sentido sintético

AL disponer las copas en series de tres, detenidas por una gran copa puesta de través, y el conjunto sin ninguna floración, el Diez de Copas contempla el número 10 bajo la forma 9 + 1; es decir, la detención de la actividad armoniosa del 9 por una nueva unidad. Esta parada es necesaria para reducir la carta a la pasividad del 10; además, la copa grande, mediante su posición, indica que se derrama en las otras.

El Diez de Copas simboliza así al ser que está abierto, en el conjunto de los nueve planos, a todas las receptividades, de suerte que puede recibir la ayuda universal.

Sentido analítico

El número 10, que se representa por la unidad colocada al lado del cero, significa el final de un ciclo, la detención del trabajo, antes de la partida para un nuevo ciclo; esta analogía está señalada en el Diez de Copas por la copa de arriba cerrando el paso al ascenso de las demás copas.

En la abertura roja de esta copa transversal hay un dibujo que es a la vez una flor y una cruz mística, que indica una pasividad en la actividad, porque esta carta, como término de la serie de las otras nueve, alternativamente pares e

impares, las sintetiza desde el punto de vista de polarización, mezclando a partes iguales la pasividad y la actividad. La flor ya no está en el exterior como esparcimiento, como ocurría en las otras cartas. La cruz roja indica una purificación de la materia a través del sacrificio.

El Diez de Espadas y el de Bastos toman a 10 como compuesto de 8 + 2, mientras que el Diez de Copas lo enfoca como formado por 9 + 1.

La disposición 8 + 2 representa un equilibrio (8), basado sobre dos polos que se superponen, e incita a la acción, impulso que conviene a los principios energéticos como las Espadas y los Bastos, mientras que 9 + 1 corresponde a una dilatación máxima del ser (9), que no le permite actuar más y le hace esperar lo que le aporte lo Universal.

Significaciones utilitarias en los tres planos

MENTAL. Logros del pensamiento. Juicio equilibrado.

ANÍMICO. Amor equilibrado, sano. Unión que se completa en todos los planos.

FÍSICO. Éxito en una empresa. Continuidad en los negocios. En caso de un proyecto, resultados. Salud rica.

Invertida. La armonía de la carta hace que lo que se busca no sea destruido, sino simplemente demorado.

* * *

En su sentido elemental, el Diez de Copas representa al hombre que, habiendo realizado su trabajo, se vuelve hacia la plegaria y solicita la ayuda divina para seguir con éxito la nueva vía de su evolución.

BASTOS

AS DE BASTOS

Sentido sintético

El basto de color verde, en forma de porra, con las ramas cortadas y sostenido verticalmente por una mano firme, indica una energía material, constituida por una condensación de la vida universal, porque se le han suprimido las extensiones inútiles.

El manejo del As de Bastos, determinado por las nueve cartas siguientes, de las que es la síntesis, engendra una fecundidad en los tres planos, marcada por la lluvia de llamas coloreadas.

Sentido analítico

El Basto, fuerza condensada, indica la energía material, permitiendo actuar sobre la materia y darle forma. Contrariamente a la proyección hacia delante de la Espada, se le hace describir, al manejarlo, un círculo que constituye una curva cerrada que envuelve, circunscribe y simboliza la forma de un modo elemental.

El modo firme en que la mano sostiene el basto indica el poder que se encuentra entre las manos del hombre y su dominio sobre la materia. Se trata de una mano derecha, lo que significa, como en el As de Espadas, voluntad y mando; pero contrariamente a este último, el puño está vuelto a la derecha y la mano se presenta por el lado interno, porque la energía en la materia se manifiesta inmediatamente, sin moderación previa, como la actividad mental de la Espada. La palma implica una acción directa, estando visible el interior y no enmascarado por el espesor de la mano.

El As de Bastos acumula fuerzas y realiza las consolidaciones y las potencias energéticas que hay en él. Mediante él, el ser aprecia su fuerza de resistencia, por la manera en que resiste, por su peso y su solidez, en un choque exterior.

Es una potencia activa de construcción y de realización en la materia, que tiene en ella incluso el aporte espiritual. Este aporte está precisado por el brazo que atraviesa una manga de color carne y azul, de forma circular, encañonada, la cual indica un universo material y sus ondas psíquicas. El puño rojo afirma la ligazón de esta carta a la materia y su significación esencialmente material.

Las llamas coloreadas que caen tienen la misma significación que en el As de Espadas.

El basto está representado por un tronco de árbol cuyas ramas han sido cortadas porque, siendo nula su espiritualidad, no puede elevar ramificaciones hacia lo alto. Se trata estrictamente de un estado terrestre en el plano material; pero su color verde indica su gran fuerza de fecundidad en ese plano, y el reborde rojo de las ramas cortadas, que las ramificaciones se hacen en la materia. El extremo inferior bordeado de amarillo significa que, pese al estado puramente físico y material de este símbolo, toma sus orígenes en la Inteligencia Divina.

Significaciones utilitarias en los tres planos

MENTAL. Inspiración en el dominio práctico, idea que surge en la corriente de un asunto para activarlo.

ANÍMICO. Sentimientos desbordantes, un poco exagerados, más expresivos que afectivos.

FÍSICO. Negocios activos, brillantes. Triunfo por la fuerza. Salud superabundante, un poco pletórica, que crea una constante actividad.

Invertida. Mala, falta de energía. Repetición continua de aquello que se emprende. Un resultado obtenido por la fuerza será anulado por otra fuerza.

*   *   *

En resumen, en su sentido elemental, el As de Bastos representa la energía material puesta en manos del hombre para permitirle resistir a las conmociones venidas del exterior, o para servirle de palanca que le ayude a edificar en lo físico.

DOS DE BASTOS

Sentido sintético

Dos de Bastos, mediante los dos bastos convergentes hacia el centro que contienen en sus ángulos adornos de hojas o de flores, expresa la concentración equilibrada de las energías de la materia, resolviéndose en potenciales de fuerzas elementales y armoniosamente dispuestas con vistas a una futura eclosión.

Sentido analítico

Como en las Espadas, el equilibrio incluido en la significación de la carta se traduce por la disposición de la figura en cuaternario: el de los Bastos, equilibrio de principio, y el de las hojas, equilibrio evolutivo. Pero aquí los bastos se reúnen en el centro y no lateralmente como las Espadas [1] que se cruzan en los extremos de la carta; esto tiende a que las energías materiales representadas por los Bastos penetren directamente e interiormente, mientras que las actividades de las Espadas proceden por extensión y envolvimiento.

También como en las Espadas, el cuaternario de Bastos viene de la super-

[1] Ver el Dos de Espadas, pág. 141.

posición de lo activo con lo pasivo, porque el Basto tiene dos caras: una activa (el golpe de bastón que se da), la otra receptiva (el golpe de bastón que se recibe); dicho de otra forma, la energía que se emite y la que se sufre. Los cuatro puntos de vista están indicados en la carta por la descomposición de los dos bastos en cuatro partes amarillas, y cuatro mangos negros, teniendo por objeto el conjunto mantener la polaridad simple siempre realizando el equilibrio mediante el 4.

El Basto representa la energía puesta a disposición del hombre para vencer las resistencias de la materia, y habiendo mostrado el As su principio, las cartas siguientes harán resaltar sus aplicaciones.

El Dos está constituido por dos bastones dispuestos en cruz de San Andrés, encuadrando las flores en sus ángulos superiores e inferiores, y las hojas en los ángulos laterales. La simetría es completa entre lo alto y lo bajo, entre la derecha y la izquierda, para mostrar que la energía de los bastos puede ejercerse tanto en lo espiritual como en la materia, en el dominio de la inteligencia o en el de lo físico, para el bien y para el mal.

Los bastones son azules en la parte en que se cruzan, mostrando así que esta concentración se apoya sobre el psiquismo; es decir, que las energías del hombre deben estar, ante todo, reunidas en el fondo de sí mismo con el fin de que pueda asegurar su control y evitar el desorden que resultaría de su dispersión.

Los extremos, alargados y negros, representan el mango de los bastones; es decir, la parte sobre la que se ejerce la fuerza; y su color negro se debe a que la energía toma su origen en lo invisible; o sea, respecto al caso actual, en el subconsciente.

Las barras rojas son, como en las Espadas, fuerzas que constituyen topes y necesidades de limitación para contener y regularizar la mezcla de las corrientes suministradas por el encuentro de los bastos. Estas barras son únicamente rojas en los bastos, como signo de energía material, en tanto que en las Espadas son rojas y amarillas.

Las hojas laterales, así como las de arriba y las de abajo, representan promesas de realizaciones en los cuatro planos; se orientan verticalmente a derecha y a izquierda, arriba y abajo, y denotan una actividad psíquica y asimiladora, espiritual y material. Las hojas son rojas, estriadas de negro, y todas se vuelven en azul, afirmando una actividad psíquica a pesar de los obstáculos, y todas igualmente surgen de tallos blancos, representando las corrientes sintéticas y el lado oculto de su trabajo.

Por último, estos tallos salen de un adorno amarillo cerrado, en conformación de la pasividad del 2.

Las flores blancas de cinco pétalos, de apariencia estilizada, de las que brotan los tallos, igualmente blancos, que sirven como soportes a las hojas y a la expansión florida de arriba y de abajo, indican que estas riquezas anímicas toman su base en un plano superior y operan de una forma interna y oculta (color blanco).

Los 5 pétalos de la flor blanca, a los que corresponden los 7 pétalos amarillos del brote superior, indican la transición de las actividades vibratorias de la nota marcada con el número 5 a la nota marcada con el número 7, transición que tiene lugar de un plano sutil a un plano manifestado. Las hojas implican un potencial de actividad que será utilizado para la evolución de estas transiciones.

La complejidad de esta floración, comparada con la del Dos de Espadas, hace resaltar las diferencias entre las producciones internas de estas dos cartas; ambas son muy complejas, pero la de Espadas, al producirse en el plano de las actividades mentales, es de orden superior y se manifiesta mediante equilibrios cuaternarios, mientras que la de Bastos acentúa la transformación de las energías determinando sus modos vibratorios (5 y 7), la una en un plano abstracto y sintético (blanco), y la otra en un plano manifiesto (azul, amarillo y rojo).

La riqueza de esta producción en modo activo destaca también por la expansión lateral de un cuaternario de hojas que toma su origen en una base intelectual (amarillo) triplemente desarrollada (tres aspectos) y que emana de un hueso engendrado por el cruce central anímico (azul) de los bastos.

Significaciones utilitarias en los tres planos

MENTAL. Buen juicio, justificado por el valor de los argumentos, ideas racionales, asentadas, prácticas pero a desarrollar.

ANÍMICO. Confianza, amistad, afecto, bondad en la simplicidad.
FÍSICO. Salud en vías de mejorar. Negocio en preparación de sus elementos para un futuro éxito.

Invertida. Las Cartas de Bastos, en principio y a excepción del Cuatro y del Seis, cuyo sentido apenas es alterado, al ser simétricas, no tienen modificado su sentido.

*   *   *

En su sentido elemental, el Dos de Bastos representa un potencial interior que tiende a dilatarse.

TRES DE BASTOS

Sentido sintético

T RES de Bastos, compuesto de dos bastones cruzados apoyándose en su centro sobre un tercer bastón vertical de donde parte una simple ramificación de cuatro hojas, simboliza una disciplina interior a través de una fuerza que concentra y coordina las energías pasivas del 2 en el centro del ser y cuyo trabajo es simplemente el de acumular las reservas de fuerza con vistas a ulteriores producciones.

Sentido analítico

En la carta precedente, las cuatro hojas laterales representan ricas promesas de realización, consagradas a la expansión florida de lo alto y de lo bajo.

En la presente carta, las flores han desaparecido, y habiéndolas conducido el bastón central a su realización, las cuatro hojas laterales toman un sentido diferente: son reservas de energía.

Estas hojas son parecidas a las del Dos de Bastos; se vuelven en un torneado azul, pero con una muesca, determinando su actividad tanto en lo psíquico como en lo físico.

La misma significación respecto a los tallos blancos que en la carta precedente, al estar cerrados aún los adornos amarillos, el 3 apenas se libra de la pasividad del 2.

Significaciones utilitarias en los tres planos

MENTAL. Penetración en un asunto; se descubre lo que esta cerrado o lo incomprensible. Intuición de las cosas ocultas.

ANÍMICO. Demasiado expeditivo para ser anímico, alejamiento del lado afectivo en las manifestaciones, se evitan los matices.

FÍSICO. Negocios muy activos, dirección ejercida con autoridad. Salud buena, nerviosa, activa.

Invertida. No se invierte porque el Tres de Bastos, por su gran actividad, hace que siempre se regrese.

*   *   *

En´ su sentido elemental, el Tres de Bastos representa la puesta en juego de una energía necesaria para tomar conciencia de sus resistencias instintivas, a fin de disciplinarlas, coordinarlas y apoyarse sobre ellas en los trabajos ulteriores.

CUATRO DE BASTOS

Sentido sintético

El Cuatro de Bastos, por la disposición de sus hojas y de sus llores, recuerda al Dos de Bastos, y, por sus ocho bastones y sus ocho hojas, evoca el número 8; pero las hojas y las flores están más expandidas que en el Dos de Bastos, y el 8, que solo aparece en la forma del dibujo, se hace virtual. Representa un trabajo interior, equilibrado, que toma sus asientos en la carta par precedente para evolucionar hacia la carta par que combina a ambos (2 x 4 = 8). En términos más concretos, representa la evolución de la materia pasiva mediante la utilización de las energías materiales en todos los planos.

Sentido analítico

El equilibrio de esta carta se desprende no solo de lo que resulta de la naturaleza del 4, sino también de la orientación de las hojas a lo alto, lo bajo, la derecha y la izquierda; o sea, en todos los sentidos.

Las dos flores, arriba y abajo, manifiestan la transición del 4 hacia el 8, por las acciones intermedias del 5 y del 7; las cartas pares, es decir pasivas, no pueden manifestar su trabajo interno más que por la acción fecundante de las cartas impares, es decir activas. Esto queda confirmado también por la naturaleza del 5 y del 7, que son números de transición y de perfeccionamiento.

La evolución del Cuatro de Bastos con relación al Dos de Bastos se indica mediante la abertura de los cálices amarillos de las dobles hojas laterales y por la transformación de la flor de siete pétalos arriba y abajo del Dos de Bastos que, reposando sobre una raíz blanca, está aún enmascarada en lo abstracto, en dos flores distintas que nacen de tallos azules y blancos, adornados con dos pequeños retoños azules, y formando un conjunto de realización y de término.

En lo alto de la carta, una de las flores de siete pétalos, la más dilatada, abre sus estambres, mientras que la otra, de cinco pétalos, los encierra en un cáliz rojo.

Como en el Dos de Bastos, las hojas laterales, así como las de lo alto y lo bajo, representan energías puestas en reserva para las realizaciones en los cuatro planos (se orientan a derecha y a izquierda, arriba y abajo); psíquico y asimilador, espiritual y material.

Los tallos blancos representan corrientes sintéticas (siendo la luz blanca una síntesis) y el lado oculto de su trabajo.

Se advertirá que del Cuatro al Diez de Bastos, estos forman bloque: azules en el centro, y amarillos arriba y abajo, significan una actividad psíquica iluminada por la inteligencia [1].

Significaciones utilitarias en los tres planos

MENTAL. Decisión, dominio en los juicios.

ANÍMICO. Protección, seguridad en los afectos. Espíritu de fraternidad, porque el 4 está en lo Universal.

FÍSICO. En negocios, resultado de una empresa. Seguridad en las cosas en el punto de ser emprendidas. Muy buena salud.

Invertida. Aporte de confusión. Tanteo, promesa imperfecta.

* * *

En su sentido elemental, esta carta representa el trabajo fructuoso del hombre, llegando a sus fines mediante la energía material.

---

[1] Las Cartas de Espadas del Cuatro al Diez presentan un tinte amarillo en bloque, en el centro, y, siendo distintas en el resto de su recorrido, un tinte negro. Ver la explicación en el Cuatro de Espadas, pág. 148.

CINCO DE BASTOS

Sentido sintético

Eᴌ Cinco de Bastos indica el trabajo de transición, cuyo símbolo es 5, mediante el basto central y las flores laterales; este basto indica la energía puesta en juego por el ser para desprenderse de la empresa material del 4, y las hojas constituyen reservas de fuerzas internas para realizar una nueva evolución.

Sentido analítico

El Cinco de Bastos, independientemente del número de bastos, no difiere del Tres de Bastos más que en la mayor abertura de los cálices amarillos, mayor aún que en el Cuatro de Bastos, de donde surgen las dobles hojas laterales, y en la orientación hacia el exterior del pliegue en espiral de cada hoja. Significa, por tanto, una puesta en reserva de fuerza más expandida que en el primer caso, en vista de la realización evolutiva.

La consideración de los ejes de la carta permite apreciar su papel psicológico; el bastón central, orientado de arriba abajo, es decir, del plano material hacia el espiritual, o inversamente, puesto que la carta es simétrica, y siguiendo el eje voluntario del hombre, indica que este emite su influjo personal para amasar las cuatro energías diagonales; por ello es por lo que la carta implica espíritu de decisión y libertad.

Las hojas que se desarrollan en el eje horizontal simbolizan: a la izquierda, el trabajo interno del hombre sobre su «yo», y a la derecha, su asimilación del exterior. Para facilitar este trabajo interior, con vistas a una nueva evolución, las hojas, que son reservas de fuerza, se sitúan en este eje, siempre orientándose hacia arriba y hacia abajo para señalar la universalidad del trabajo interno.

Significaciones utilitarias en los tres planos

MENTAL. Espíritu de decisión que puede inclinarse a la dominación y el autoritarismo.

ANÍMICO. Sentimiento dominador, protector, por ser una carta de voluntad individualista.

FÍSICO. Éxito previsto, reposando sobre una base sólida. Negocios emprendidos a largo plazo, transporte de mercancías: importaciones y exportaciones (al ser el bastón central un puente tendido entre dos extremos y al permitir su unión por medio de una circulación). Salud buena, con exceso de energía vital que se gasta, a veces, entrañando una pérdida de fuerza.

Invertida. Al unir el bastón central lo alto y lo bajo sin discontinuidad y recíprocamente, la carta no se puede invertir.

* * *

En su sentido elemental, el Cinco de Bastos representa la afirmación por el hombre de su libre albedrío para no estancarse en las torpes energías del mundo de los elementos y elevarse hacia planos de vibraciones más sutiles.

SEIS DE BASTOS

Sentido sintético

LAS hojas laterales alargadas, nacidas de una base en forma de moharra y la flor de arriba, con numerosos pétalos amarillos, representadas en el Seis de Bastos, hacen manifiestas las riquezas engendradas por el armonioso equilibrio de los dos ternarios, uno mental y el otro material, incluidos en el 6 (3 x 2), así como la actividad de su polarización simbolizada por la dualidad.

Como consecuencia, esta carta significa la influencia de la riqueza de lo mental sobre la sensación material, la comprensión mental que disciplina las necesidades materiales.

Sentido analítico

Al representar la hoja una reserva de fuerza, su importancia indica una acentuación de este potencial, necesario para la carta siguiente: el Siete de Bastos, que, en razón de la extensión de su acción, exige un aporte en proporción. Además, estas hojas alargadas muestran una forma de elevación, una antena proyectada en los cuatro sentidos del trabajo interior del ser, designado por las hojas laterales, en tanto que las de la rama superior son una manifestación de un arrebato psíquico. La radiación se manifiesta igualmente por el apoyo en forma de punta de lanza, cuyo objetivo es hacer resaltar la actividad que está en la base del crecimiento.

En el Seis de Bastos, la flor inferior tiene cinco pétalos, indicando con esto que representa el efecto del trabajo realizado por el Cinco de Bastos y el apoyo que aporta al Seis de Bastos. Está colocada abajo porque, al tener menos pétalos, es menos radiante.

La flor de arriba, por su gran número de pétalos amarillos, indica la riqueza de lo mental en la relación con la sensación material representada por el rojo de la flor.

Significaciones utilitarias en los tres planos

MENTAL. Por su riqueza, indica las invenciones, favorece los proyectos y su acción toma cuerpo.

ANÍMICO. Amor profundo. Perpetuidad; es el fénix que renace.

El Seis de Bastos anuncia este porvenir porque implicando el Siete de Bastos, que viene a continuación, una realización cierta, el Seis de Bastos está a las puertas de dicha realización.

FÍSICO. En negocios, lentitud a causa de la idea de duración. Desarrollo continuo pero lento. Desde el punto de vista de la salud: buena, pero sumida a veces en el linfatismo. Indolencia que se sufre pero no se desea.

Invertida. Lentitud acentuada que puede desplazar los objetivos por descalabro de las cosas emprendidas, pero no por completo, de suerte que aparece otra cosa.

* * *

En su sentido elemental, el Seis de Bastos representa el esfuerzo del hombre para disciplinar sus instintos y de este modo afianzar la seguridad de su porvenir.

SIETE DE BASTOS

Sentido sintético

EL Siete de Bastos toma a 7 como igual a 6 + 1, al hacer atravesar en su centro el haz de seis bastos por un único basto blanco en el medio, y como igual a 2 + 5 por las dos hojas rojas y las cinco ramificaciones amarillas de su nacimiento.

La primera solución indica una actividad de puesta en camino, sostenida por un apoyo espiritual, y la segunda manifiesta una fuerza de penetración en lo anímico material, tomando su origen en una fuerte tonicidad de lo mental; todo este trabajo tiene por finalidad mantener el equilibrio realizado por el 6, equilibrio que la imperfección humana hace siempre inestable.

Sentido analítico

Lo blanco del basto central proporciona la nota esencial del Siete de Bastos, porque representa una complejidad venida de diferentes planos, cuya superposición, como la de los colores, da una luz blanca; el efecto de esta última, que constituye un apoyo superior, se traduce en la conciencia por el sentimiento de una inspiración personal.

Las ramificaciones representan una actividad que se produce en lo anímico, puesto que se hace horizontalmente, actividad particularmente intensa, como lo indican las cinco expansiones amarillas y las hojas en moharra, cuyo color rojo determina el efecto en lo físico. Los tallos blancos, por otra parte, son un símbolo de impersonalidad.

Significaciones utilitarias en los tres planos

MENTAL. Determinación. Poder de decisión en todo tipo de cuestiones.

ANÍMICO. Gran radiación, efecto más en extensión que en profundidad. Sentimientos expansivos. Se adapta a los retóricos, predicadores y entrenadores.

FÍSICO. Negocios en gran actividad, en pleno rendimiento, determinando mucho movimiento. Se ajusta a las cuestiones mecánicas. Salud muy buena, con actividad desbordante.

Invertida. No se invierte; dada la simetría de la carta, implica demasiada rapidez y decisión.

∗ ∗ ∗

En su sentido elemental, el Siete de Bastos representa la posibilidad de éxito para el hombre mediante el esfuerzo y el trabajo activo y constante.

OCHO DE BASTOS

Sentido sintético

EﾠL Ocho de Bastos, al limitar sus particularidades a dos ramas blancas idénticas, la una en la parte superior y la otra en la parte inferior, indica una expansión del ser hacia lo alto, con reflejo hacia abajo, como consecuencia del armonioso equilibrio realizado entre los dos cuaternarios incluidos en el 8 (8 = 4 + 4).

Sentido analítico

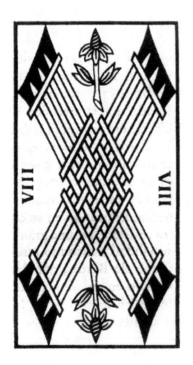

Remitiéndose a las cartas precedentes, se ve que las ramificaciones laterales que aparecen desde el comienzo, y que se acentúan muy activamente en el Siete de Bastos, han desaparecido. Como lo horizontal, de naturaleza pasiva y concreta [1] (el horizonte, en la naturaleza, es efectivamente visible), representa el esfuerzo interno del ser para comprenderse y asimilar las reacciones del mundo exterior, la desaparición de las ramificaciones laterales indica un trabajo que se ha equilibrado y reabsorbido para transformarse en un impulso hacia lo alto, con retorno hacia abajo en similitud armoniosa (el tallo blanco), porque siendo la rama de abajo

[1] Ver el Cinco de Bastos, pág. 206.

rigurosamente simétrica, aparece como un reflejo de la de lo alto. Esto, al hacer al Ocho de Bastos perfectamente simétrico, afirma el equilibrio del 8, mostrando que la inversión no existe y que todo lo significado por esta carta será siempre estable, cualesquiera que sean las circunstancias.

Estos tallos blancos, visiblemente seccionados, llevan dos hojitas azules a derecha y a izquierda, de las cuales las superiores visibles están rayadas en negro, y terminan en una flor que tiene cinco pétalos amarillos rayados de negro y un pistilo rojo con una espiral negra, indicando en su conjunto una actividad mística que encuentra resistencias, una gran inteligencia de acción y un deseo de impersonalidad a menudo estorbado. No obstante, la gran pasividad del Ocho de Bastos, debida no solamente a los dos cuaternarios y al trabajo en circuito cerrado del 8, sino a la naturaleza esencialmente material de los bastos, le impregna de una cierta torpeza y de una marcada resistencia que le obligan a esfuerzos continuos.

Significaciones utilitarias en los tres planos

MENTAL. Entorpecimiento, gran pasividad que vencer.

ANÍMICO. Torpeza en los sentimientos a combatir, apatía que hay que sacudir, así como lentitud emotiva.

FÍSICO. Negocios, con desorden, que serán reorganizados mediante la energía. Estos negocios se aplican más bien a los artículos alimenticios y designan generalmente una abundancia de «stocks». Desde el punto de vista de la salud: estado linfático, trastornos glandulares que un estricto régimen volverá a poner en armonía.

Invertida. La maciza representación de la carta no permite su inversión.

* * *

En su sentido elemental, el Ocho de Bastos representa las buenas condiciones, fruto de un equilibrio general, que prometen al hombre un éxito, si sabe vencer las resistencias de un estado estable para poner en juego sus energías.

NUEVE DE BASTOS

Sentido sintético

EL Nueve de Bastos, despojado de toda floración o follaje, no lleva más que una característica: la guardia blanca colocada en el basto central, a su entrada en el haz de los ocho bastos. Simboliza una suma de experiencias que permiten una actividad maestra, una manifestación intelectual despojada de toda fluctuación, de toda acción parasitaria, y siempre esclarecida.

Sentido analítico

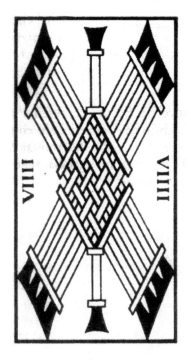

La parte blanca y rectangular del basto central, que por su matiz representa un apoyo superior y de orden universal, difiere de la parte blanca vertical, que se encuentra en la carta impar precedente, el Siete de Bastos, por el hecho de que en el último caso no representaba sino un aspecto armonioso de la corriente activa, simbolizada por el basto central, mientras que en el Nueve forma la guardia del basto y, en consecuencia, representa un apoyo y una reserva de fuerza de orden superior que puede, no solo dominar las desviaciones del influjo central o hacerlas deficientes, sino también revestirlo de una actividad más alta.

Significaciones utilitarias en los tres planos

MENTAL. Claridad de juicio, inspiración en el empleo de la energía.

ANÍMICO. Sentimientos de naturaleza humanitaria, caballerescos, de sacrificio, de protección física.

FÍSICO. Invenciones, creaciones de negocios. Aquello que está en el origen de las cosas: animadores, innovadores. Salud radiante y armoniosa.

Invertida. Al ser simétrica, no se invierte.

*   *   *

En su sentido elemental, el Nueve de Bastos representa al hombre que, aprovechándose del equilibrio que ha realizado en sí mismo en el manejo de las energías terrestres, sabe determinar el momento justo de toda acción, por reflejo o por inteligencia, según se trate de una decisión inmediata, o en el tiempo.

DIEZ DE BASTOS

Sentido sintético

EL Diez de bastos representa dos bastos de tono blanco en su centro que penetran en el azul de la conjunción central de los otros ocho bastos, y que determinan, de cada lado, una ramificación cuyo soporte es igualmente blanco.

Indica, pues, una voluntad personal, activa, equilibrada, que se abre camino a través de las dificultades y que organiza sus energías de manera que constituyan, para los trabajos de otro ciclo, reservas de fuerzas apoyadas sobre una base de orden superior y espiritualizadas.

Sentido analítico

La manera en que el número 10 es descompuesto en el Diez de Bastos es análoga a la que ha sido adoptada para el Diez de Espadas. Efectivamente, la descomposición de 10 en $(4 + 1) + (4 + 1)$, o en $5 + 5$, se encuentra en el Diez de Bastos por medio de uno de los bastos centrales con su grupo de 4 a izquierda y derecha, y mediante las dos hojas que, con las tres puntas blancas del soporte, hacen en total 5 a izquierda y a derecha. Su interpretación es la misma, con la diferencia de que este número se adapta a puntos de vista más materiales. Ya no se busca el Conocimiento a través de las actividades mentales, como en las Espadas, sino la Dirección del trabajo, por medio de las energías físicas.

El cruce azul de los ocho bastos, bajo el impulso superior de los dos bastos blancos, engendra un trabajo anímico espiritual que se manifiesta exteriormente por una base luminosa, equilibrada (el soporte blanco de tres subdivisiones), de donde emanan, en forma de hojas, expansiones de energías y de reservas. Estas hojas constituyen, al mismo tiempo, mediante su punta, respiraciones fluídicas que regularizan la pasividad del 10.

Significaciones utilitarias en los tres planos

MENTAL. Inspiración acerca del dominio psíquico.

ANÍMICO. Sentimientos elevados de la familia. Fundación de una estirpe, porque la carta representa una fuerte base formada de una materia iluminada.

FÍSICO. Prosperidad en comercio o negocio. Salud equilibrada.

Invertida. Esta carta no se puede invertir, en razón de su simetría.

* * *

En su sentido elemental, el Diez de Bastos representa la voluntad enérgica e iluminada del hombre que será susceptible de manifestar, con tenacidad e independencia, las experiencias que ha realizado en el manejo progresivo de sus energías materiales.

OROS

AS DE OROS

Sentido sintético

EL Oro simboliza la ofrenda, la cosa dada por añadidura: el oro de San Pedro. Unido a las otras cartas, representa un aporte divino suplementario. El Oro implica también el trabajo del hombre, pero con vistas a su actividad exterior, y por este hecho indica una actividad en la pasividad.

Sentido sintético

Al representar en el centro de la carta un círculo dividido en tres zonas concéntricas, el As de Oros simboliza una emisión ondulatoria de lo mental limitada por la resistencia del ambiente.

Este Oro está representado de forma diferente a la de los que figuran en las cartas siguientes; un simple trazo negro limita su contorno, porque en la unidad simboliza la radiación que todo lo penetra.

La repetición de los elementos dibujados en las zonas, correspondiente a los números de la edificación del Cosmos, indica que esta proyección se halla equilibrada; por esto es por lo que hace brotar, mediante su contacto con el ambiente, tallos floridos cuya idéntica disposición, arriba y abajo, muestra que pueden manifestarse tanto en lo espiritual como en la materia.

Si el As de Copas representa el lado receptivo del hombre, seguido de una elaboración interna, el As de Oros corresponde a las tendencias realizadoras de sus construcciones interiores. El primero acopia elementos psíquicos en su copa; el segundo concibe construcciones que quedan en estado latente y cuyas gestación y solución están indicadas en las nueve cartas que siguen.

Sentido analítico

El Oro ha sido elegido para caracterizar no la malaxación interna de las sensaciones almacenadas por el hombre, como tiene lugar en la Copa, sino su disposición con vistas a construir. Además, por su forma circular, que implica el movimiento, y por su naturaleza monetaria, que implica cambios, simboliza el equilibrio de lo mental y de lo físico con vistas a hacer fecunda su unión desde el punto de vista material. Llega a ser el agente de unión necesario entre la Espada y el Basto, y entre la Copa y el Basto —es decir, entre la actividad mental y el trabajo físico—, y entre el psiquismo y la materia.

El ser realiza obra de creador: tiende a proyectar en el medio cualquier cosa compleja, a su imagen, y las ramas floridas representan su manifestación concreta. Intenta proyectar en las diagonales las emanaciones psíquicas (azul), combinadas con acciones inteligentes (amarillo) y vitalizantes (rojo), para desembocar no en una recta que se perdería en lo abstracto, sino en un germen susceptible, al replegarse sobre sí mismo en espiral, de llegar a su eclosión, simbolizada por la flor en brote terminal.

Estas ramas significan igualmente que toda potencia del Cosmos es mantenida en equilibrio por los polos de la espiritualidad representada por ramas terminadas en flores. El amarillo de estas indica que no puede haber conexión entre la espiritualidad (tallos azules) y la materia (flores rojas) sin inteligencia divina y humana. La flor es un tulipán cuyos 6 pétalos representan 5 sentidos, más uno, interior, abriéndose para recibir y volviendo a cerrarse cuando ya ha recibido; es un cáliz que recibe y que guarda.

El As de Oros representa la radiación del hombre a imagen del Cosmos, y mediante su círculo expresa su emanación manifestándose en ondas regulares, cuyas características están indicadas por los dibujos que figuran en cada una, a saber: 16 triángulos, grandes y pequeños, símbolos de las proyecciones en el espacio, y por la flor central de 4 pétalos redondos y triangulares, con 12 estambres evocando los números fundamentales de toda construcción: el cuaternario (la flor), el octenario (los 8 pétalos), el duodenario (los 12 estambres) y la extensión sucesiva del octenario en el universo por medio de 16 y 32 (los triángulos de la 3.ª zona).

En el centro del círculo hay una flor formando otros cinco círculos; el del medio, conteniendo 12 puntos, evoca la noción del duodenario, que en el Cosmos se traduce por los 12 planetas o los 12 signos del Zodiaco, según que se sitúe desde el punto de vista de formas activas o de elementos receptivos; los 4 círculos que lo rodean contienen el cuaternario y sus diferentes sentidos, los 4 elementos, etc., y las 3 líneas trinitarias que cada uno comporta, así como los puntos intermedios que los reúnen, muestran que estos 4 planos están unidos indisolublemente a los planetas, tienen su destino marcado y representan los 4 planos elementales.

Los triángulos sobre el contorno del círculo indican una actividad radiante en todos los dominios y la zona que separa estos de la flor central, una pasividad conciliadora entre los principios y el exterior; el color amarillo del Oro muestra que la inteligencia impregna toda la actividad.

Los tallos son la extensión de esta actividad que atraviesa la materia (collarín rojo) y se transmite mediante la flor, símbolo de fecundidad armónica, después de haber producido manifestaciones de orden intelectual y psíquico indicadas por el azul de los tallos y el amarillo de las ramificaciones.

Significaciones utilitarias en los tres planos

El As de Oros es el depósito, el condensador de las actividades en todos los dominios, en todas las partes del Cosmos.

MENTAL. Aporte activo, bien equilibrado y realizador.

ANÍMICO. Radiación, expansión.

FÍSICO. Carta de suerte cuyos efectos son retrasados o adelantados, según su lugar en relación a las cartas que la rodean. Riqueza de salud. Extensión de beneficio. Afirmación de éxito.

Invertida. Los Arcanos de Oros invertidos no modifican apenas su sentido. Al ser simétricos en general, se atan al principio del Universo, cuyo equilibrio es constante, simbolizado por el círculo que no tiene ni alto ni bajo.

*   *   *

En resumen, en su sentido elemental, el As de Oros representa el deseo del hombre de proyectar en el ambiente una obra compleja hecha a su imagen y susceptible de salir a la luz por sí misma para su provecho.

DOS DE OROS

Sentido sintético

El potencial de actividad incluido en todo oro, al no poder exteriorizarse en el Dos de Oros, en razón de la inercia del número 2, se manifiesta como una pasividad general, entrañando la neutralización de las fuerzas mentales activas de la carta. Efectivamente, al representar una guirnalda azul que encierra los dos oros y terminar en un comienzo de floración, el Dos de Oros simboliza una corriente anímica o espiritual encerrando la conciencia activa de lo mental y no dejando traslucir más que sus producciones futuras, al implicar siempre el número 2 una gestación en potencia.

Sentido analítico

Los dos oros, mediante las líneas negras en forma de sombras que los rodean, determinan un comienzo de entorpecimiento, porque el Dos de Oros representa el mundo pasivo: la materia que se opone al espíritu.

Llevan 10 ondulaciones y no 12, porque el número 12 representa un ciclo completo, lo que no conviene al Dos de Oros, el cual abre una serie; en tanto que el As, al ser una síntesis, se asociaba al número 12.

El Dos de Oros representa la puesta en movimiento de las actividades simbolizadas en estado potencial por el As de Oros, la guirnalda azul es el elemento espiritual que lo anima, porque enlaza los oros —es decir, dos polos—, y al unirlos los pone en acción, confirmando así la existencia del potencial de actividad, al que se hace alusión en el sentido sintético. Los extremos rojos de la guirnalda indican su acción sobre la materia.

El 8, dibujado por la guirnalda, que representa por su naturaleza un equilibrio completo, está indicado sobre esta carta en discontinuo para mostrar que ella no podría marcar un término definitivo, sino simbolizar una evolución; el Dos de Oros, al ser la primera carta de la serie, implica un desarrollo progresivo.

La guirnalda indica, además, que las dos unidades representadas por los dos oros no son realmente independientes, sino que están unidas por las corrientes internas que conectan los cuerpos; esto aparece manifiestamente en la naturaleza a través del aspecto de las montañas cuyas cimas son discontinuas, en tanto que están ligadas por sus bases.

Estas corrientes internas y universales se explican mediante el hecho de que todo lo que existe parece separarse, aun cuando estén necesariamente ligadas, puesto que ninguna separación es posible en razón de la unidad primordial de donde emanan todas las grandes corrientes de fuerza que mantienen el equilibrio entre los planos, sin que por esto puedan interpenetrarse.

Se han hecho manifiestas en esta carta para señalar la actividad inherente al Oro incluso en su pasividad [1], y como una corriente universal jamás es estéril, determina la fecundación espontánea del dos y desemboca en los dos planos: espiritual, oro de arriba, y material, oro de abajo, en una floración simbolizada por las hojas y las flores en las extremidades de la guirnalda.

La flor de pistilo rojo está rodeada de un cáliz amarillo. Los tallos blancos representan un dinamismo superior emitido por el sentimiento, que se manifiesta como reserva de fuerzas mediante las hojas y, como efecto, mediante una flor, de pistilo rojo y cáliz amarillo, que debe salir a la luz en la materia. Este conjunto de floración representa la complejidad de los desarrollos en los diferentes planos de esa gran corriente.

---

[1] Ver As de Oros, pág. 221.

Significaciones utilitarias en los tres planos

MENTAL. Apoyo por medio de una actividad, yendo de lo espiritual a lo material, tal como una inspiración implicada por la gran corriente de la guirnalda que provoca ideas realizadoras o soluciones de problemas.

ANÍMICO. Facilidad de aproximación de los seres en una nota espiritual o sentimental.

FÍSICO. Aportación de confianza, pero de una manera sutil. Apoyo que toma su origen en el psiquismo, tal como la fe, y que facilita la realización.

Invertida. La simetría de esta carta no le da sentido de posición; no se invierte porque reviste simplemente de espiritualidad y de materia el principio significado por el As de Oros, y guarda el equilibrio que de ello resulta.

* * *

En su sentido elemental, el Dos de Oros representa una iluminación íntima que hace fermentar la inteligencia con vistas a futuras realizaciones.

TRES DE OROS

Sentido sintético

Así como en el Tres de Copas, la particularidad unitaria del 3 (3 = 2 + 1) está señalada en el Tres de Oros por la puesta en relieve del oro superior; pero mientras que en la Copa es esencialmente pasivo, tanto en lo que se refiere a receptividad como en lo relativo a elemento condensador, el Oro, por sus adornos abstractos y amarillos, y por su forma circular que le permite rodar, comporta una actividad mental latente por su pasividad, pero susceptible de ser orientada en un sentido cualquiera.

El Tres de Oros, al representar un tallo florido cuya disposición en lo alto es una reproducción extendida de lo bajo, índica una penetra-

ción en lo Universal mediante un despertar de los conocimientos superiores; despertar debido a una resonancia de las fuerzas activas contenidas en los dos oros de abajo que han provocado una gestación espontánea en los planos superiores, y esta, a través de una llamada del oro superior, se ha manifestado mediante un impulso hacia lo alto, donde se ha reflejado en su expansión.

Sentido analítico

Del Tres al Diez de Oros, la representación del Oro difiere de la del As y de la del Dos de Oros.

El As solo lleva líneas negras ligeras, el Dos se entorpece ya por las sombras;

pero los oros de las cartas siguientes se distinguen por una espesa cenefa negra que encuadra el centro amarillo.

Representan así el potencial de poder incluido en la materia que, para manifestarse, necesita un esfuerzo y circunstancias particulares, esfuerzo simbolizado por el número que constituye la carta.

Las doce ondulaciones que rodean el centro están en relación con las doce fuerzas del universo; dicho de otro modo, los doce grandes dioses de la Teogonia.

En resumen, la parte negra de los oros, iluminada por los adornos amarillos es el símbolo de las leyes universales.

El Oro es muy rico en poder espiritual, el cual está incluido en él.

El Oro y la Copa son pasividades; pero el Oro es un don, mientras que la Copa es solo una pasividad.

El Tres de Oros es un influjo de orden espiritual en la materia.

La disposición de los oros en triángulo representa una puesta en movimiento para una realización determinada, y los puntos formados por dicho triángulo constituyen proyecciones.

El tallo es una corriente; su tono blanco indica una manifestación anímica sintetiza de las fuerzas de lo alto; sus flores y excrecencias llevan azul y rojo, es decir, ramificaciones o fecundidades en la materia o el psiquismo, verde, arriba y abajo, símbolo de la ciencia y de la sabiduría, pero nada de amarillo, al estar este trasladado al oro para mostrar que su representación se halla rodeada de inteligencia universal, siendo la flor el psiquismo en que se sitúa la inteligencia del Oro.

Significaciones utilitarias en los tres planos

MENTAL. Relación con las grandes intuiciones y revelaciones de orden científico. Se trata de la inteligencia que acompaña al amor tomado en su sentido abstracto; es decir, el más elevado.

ANÍMICO. Aportación de confianza, proselitismo, misticismo activo, acción eufórica para algo determinado.

FÍSICO. Confianza en sí para actuar en los negocios, intuición de lo que hay que hacer. Desde el punto de vista de la salud, estado normal, sin exceso de vitalidad, con saltos nerviosos. Inestabilidad.

Invertida. Sin anular lo que acaba de ser indicado, como la punta del triángulo se encuentra abajo, esto lleva consigo un entorpecimiento general; los efectos se siguen produciendo, pero están menos afinados.

*   *   *

En su sentido elemental, el Tres de Oros representa una expansión mental que se manifiesta mediante un trabajo constructor y regenerador.

CUATRO DE OROS

Sentido sintético

Al colocar en el centro de los cuatro oros un rectángulo amarillo con tres flores de lis estilizadas, enmarcado por cuatro fuertes brotes dispuestos a salir a la luz, el Cuatro de Oros representa no solo una consolidación de la potencia material y equilibradora del cuaternario, sino también una actividad interna, que proporciona mediante su cuádruple expansión un enriquecimiento y una sublimación interior, susceptibles de tomar una fuerza suficiente para dilatarse en el ternario y alcanzar el plano superior del septenario.

Sentido analítico

Las tres flores de lis esquemáticas, dibujadas en tres emanaciones, están situadas en el interior del rectángulo para indicar que este contiene en sí mismo un tenario que, compuesto de formas en cuadrado, constituye 3 + 4 = 7. Su disposición en la carta muestra tres etapas del cuaternario del Cuatro de Oros: un trabajo mediante los cuatro oros, de los cuales los dos de abajo engendran el soporte de la floración, y los dos de arriba su manifestación en el espíritu; una concentración hacia una sublimación por el rectángulo amarillo y, finalmente, una tendencia embrionaria hacia el ternario a través de las flores de lis.

El Oro, al tender por naturaleza a las construcciones, por tanto a las realizaciones, refuerza la acción del cuaternario; por ello es por lo que el Cuatro de Oros ha querido mostrar esta afinidad entre el número 4 y el Oro mediante los fuertes brotes y el rectángulo suplementario. Representa uno de los arcanos más fuertes entre los Oros. Para representar el ternario, se ha simbolizado, en el interior del cuadrado, no un triángulo, sino tres flores de lis para especificar un florecimiento interno.

El encuadramiento simétrico del centro y de los oros por los tallos, las hojas y las flores se aproxima a la disposición de la carta siguiente, con la excepción de que el motivo de flores es el que enmarca el rectángulo central, mientras que son las hojas las que rodean el oro del Cinco.

Los tallos blancos siempre tienen la misma significación de riqueza activa, y el hueso blanco que refuerza uno de ellos es la representación de la concentración de fuerzas engendradas por la carta.

Es la única de todas las Cartas de Oros donde todas las hojas son rojas y se dan la vuelta en azul, implicando muy particularmente en esta carta una fecundidad psíquica.

Significaciones utilitarias en los tres planos

MENTAL. Grandes inteligencias organizadoras y realizadoras aptas para «puestas en obra» de alto alcance.

ANÍMICO. Realización impersonal; por ejemplo, las grandes figuras clericales canalizadas hacia un amor impersonal. En cuestiones banales es una corriente superior que va más allá de la cuestión forzada y, a causa de ello, con frecuencia es inutilizable.

FÍSICO. Negocios muy importantes que tienen una difusión mundial. Buena salud, excelente vitalidad, longevidad.

Invertida. Se queda en la generalidad, a causa de la universalidad del ternario y del cuaternario.

* * *

En su sentido elemental, el Cuatro de Oros representa el ideal interior del hombre, director de sus manifestaciones en todos los dominios, y le da la potencia realizadora, cualquiera que sea su soporte, en la materia o en el espíritu.

CINCO DE OROS

Sentido sintético

Por su oro interior envuelto en hojas simétricamente dispuestas, y por los cuatro oros en los ángulos de la carta, el Cinco de Oros indica una actividad central edificadora, que se apoya en el equilibrio del cuaternario para enviar reflejos de sí misma en todos los planos de la materia, a fin de ejercer en ella una puesta en orden armoniosa.

Sentido analítico

El oro central simboliza la unidad superior, que debe actuar sobre la materia equilibrada representada por 4 (1 + 4 = 5), y que, atraída por el rectángulo con las flores de lis del Cuatro de Oros, se ha independizado, porque no tiene ningún contacto con las hojas; solamente, las que tienen forma de moharra, situadas sobre el eje longitudinal, aproximan sus puntas para transmitirle sus influjos o recibirlos de él, según la orientación de la carta. Está caracterizado por un cerebro central cuya finalidad será edificar, puesto que tal es la tendencia del Oro.

La acción de este cerebro puede tener lugar tanto en un dominio espiritual como en un dominio material, ya que la carta es simétrica, aparte de la alternancia de matices en las hojas centrales;

pero la longitud de las hojas, la mayor extensión del rojo en esta carta que en las demás, y el encuadre por los otros cuatro oros, indican el predominio de la actividad en el plano material.

No obstante, la transición hacia un plano superior, caracterizada por el número 5, aparece en el retoño inferior, cuyo cáliz solo tiene cuatro pétalos; mientras que el de arriba, al representar su desarrollo, ha tomado cinco; estos, por el contrarío, son rojos y evocan el plano material. El desarrollo de los tallos, y su tono blanco, indica también la riqueza activa del Oro, activa porque el círculo que envuelve al oro central está formado por hojas, potenciales de fuerza. La parte de abajo de la carta está naturalmente indicada por el brote con el cáliz de cuatro pétalos, cuyo tallo está reforzado por una prominencia y un hueso blanco, representación de la concentración de fuerzas engendrada por el Cuatro de Oros, donde este hueso ya existía.

Significaciones utilitarias en los tres planos

MENTAL. Puestas en movimiento (oro central) que se apoyan sobre lo espiritual (oros de arriba) y sobre la materia (oros de abajo). Proyectos que toman cuerpo claramente.

ANÍMICO. Afinidades que se crean con vistas a unión amistosa o marital. Fortalecimiento de los afectos.

FÍSICO. Negocios cuyo rendimiento está asegurado, desarrollo de la clientela. Seguridad en la salud.

Invertida. Poco cambio, simple disminución en el florecimiento de lo que acaba de ser indicado, en los resultados que se preparan.

* * *

En su sentido elemental, el Cinco de Oros representa al hombre sobre las solicitaciones de su conciencia activa en todos los dominios, aplicando su cerebro constructor a una actividad armoniosa y equilibrada.

SEIS DE OROS

Sentido sintético

AL representar los triángulos invertidos (6 = 2 x 3), entre los que se intercala una amplia cruz, que se ramifica en hojas hacia arriba y hacia abajo, el Seis de Oros simboliza el trabajo de la involución y de la evolución que el ser está obligado a hacer sobre sí mismo, mediante esfuerzos alternos hacia lo alto y lo bajo, para preparar una evolución en sus construcciones interiores y exteriores, psíquicas y efectivas, en él y fuera de él.

Sentido analítico

La cruz representa el trabajo de la conciencia, porque está en el centro y se extiende a todos los oros. Toma su apoyo y su eje (circulito rojo central) en la materia representada por una cruz de San Andrés roja de pequeñas dimensiones para indicar que es un principio. La extensión de su color azul y la complejidad de su forma denotan la importancia del trabajo sensitivo del subconsciente en esta carta, y sus extremos floridos rojos, situados sobre la horizontal, muestran la naturaleza fecunda de sus expansiones anímicas hacia la materia.

Las hojas, siempre potenciales de fuerzas, indican tentativas de exploración hacia lo alto y lo bajo. Azules en el interior y vueltas en rojo en el exterior, implican una fecundidad en la materia; el tallo blanco que las soporta es una síntesis de corrientes de diferentes planos cuyo trabajo se manifiesta por medio de arrebatos de actividad en la materia representada por las puntas rojas en la bifurcación de los tallos blancos.

Significaciones utilitarias en los tres planos

MENTAL. Esfuerzo (sacrificio implicado por la carta) necesario para el triunfo. Saber hacer lo que desagrada cuando el pensamiento muestra la obligación de hacerlo.

ANÍMICO. Renuncia de sí mismo, abnegación en el dominio afectivo.

FÍSICO. Negocios cuyo éxito solo puede ser obtenido al precio de un sacrificio parcial. Desde el punto de vista de la salud: depresiones nerviosas, debidas a pérdidas de energía por absorción de la materia, reparables, pero que acarrean una deficiencia momentánea.

Esta carta, al ser simétrica, no se invierte, siendo el equilibrio su sentido principal.

*   *   *

En su sentido elemental, el Seis de Oros representa el perfeccionamiento interno que el hombre realiza mediante un esfuerzo de conciliación de las corrientes de lo alto con las de lo bajo, para permitirle equilibrar sus construcciones.

SIETE DE OROS

Sentido sintético

A<small>L</small> disponer los oros en forma de un triángulo en la parte superior y de un cuadrado en la inferior, el Siete de Oros toma el número 7 como formado por 3 + 4, siempre respetando la unidad fundamental que caracteriza de una manera preponderante el 7 (6 + 1), distinguiendo el oro de la punta del triángulo mediante una envoltura de hojas.

Esta disposición simboliza una expansión armoniosa de la conciencia, una fructificación de las reservas acumuladas por el ser.

Sentido analítico

El cuadrado representa una estabilización producida por el juego de los cuatro elementos, que constituyen los principios de la actividad material, obligando a esta a acantonarse en el dominio restringido del mundo físico.

La punta del triángulo, formada por el oro, que simboliza la energía fecunda del 7, al tocar el cuaternario, lo libera de su cristalización y explota sus riquezas, representadas por el tallo blanco, intercalado entre los cuatro oros de la base, nacido del motivo rojo y azul y adornado con dos hojas horizontales de colores alternados, una azul y la otra roja. La doble expansión de este tallo blanco, partiendo del tallo central azul y rojo, en dos hojas de colores igualmente alternos, con dos brotes, uno azul y otro rojo, para rematar en otras dos hojas de colores alternos y en el punto de reunión, muestra que se produce una vivificación de estas riquezas en un hermoso detalle, puesto que el oro envuelto se sitúa en un plano superior.

Destaca otro detalle, que muestra el feliz equilibrio de esta carta, cuando se considera los dos oros de arriba y los dos oros de abajo, como si rodeasen un triángulo, cuya punta está arriba y que se sitúa en medio de la carta, porque el triángulo significa el equilibrio por naturaleza, y su envolvimiento total denota la extensión de sus medios, cuyo origen surge del plano físico. Las hojas, además de potenciales de fuerzas, simbolizan los impulsos, a causa de su actividad.

Significaciones utilitarias en los tres planos

MENTAL. Gran actividad de espíritu con facilidad de exposición y de organización, de donde se deriva facultad cerebral para la realización.

ANÍMICO. Radiación anímica, sentimiento vibrante que desborda el marco de la vida cotidiana y alcanza a las masas.

FÍSICO. Negocios de envergadura y de gran actividad. Salud rica por su dinamismo interno.

Invertida. Torpeza y pesadez, por dominación de la materia de la cual resultará penoso desprenderse. Detención, bancarrota.

* * *

En su sentido elemental, el Siete de Oros representa la incitación del hombre a la acción y las decisiones que debe tomar a fin de modificar un estado estable por sí mismo.

OCHO DE OROS

Sentido sintético

A través de la disposición regular de los oros, de la simetría de la carta y de la cruz central cuyas ramificaciones se infiltran en todos los sentidos, el Ocho de Oros representa el armonioso equilibrio del número 8. Simboliza la percepción interna del influjo universal que penetra en todas partes, se diferencia de los diversos planos y permite establecer construcciones lógicas tanto en lo alto como en lo bajo.

Sentido analítico

La comparación del Seis de Oros con el Ocho de Oros permite establecer la evolución que ha tenido lugar en las ramificaciones bajo el efecto de las fuerzas activas del Siete de Oros. El centro, que corresponde al trabajo interior de la conciencia, está recubierto de una construcción muy compleja compuesta por una cruz azul, por tanto psíquica, que domina el cuaternario rojo (en diagonal) de la materia, y que se ajusta con él para dar nacimiento a las ocho puntas de radios.

Este conjunto, que representa la fusión del plano espiritual con el plano material y la radiación que de ello resulta, engendra cuatro flores similares, situadas en los extremos de los cuatro ejes de la carta, indicando así una preponderancia especial; la flor superior está abierta para recibir la de abajo, a medio cerrar, porque está en la matera; los cinco pétalos rojos indican que ambas se expanden en lo psíquico, y mediante el número 5 anuncian una posibilidad de vibrar o de transitar en un plano superior. Las flores, en la parte media, son reflejos de las otras dos, es decir, tomas de conciencia de su asimilación, mediante el trabajo interior y el exterior del ser.

Todos los oros están separados para mostrar que cada uno de ellos tiene su individualización, que es una distinción operada por lo mental, a fin de poder subordinar lo físico a las leyes cósmicas (parte negra de los oros iluminados por los adornos amarillos, símbolos de las leyes universales [1]).

La alternancia de las flores y de las hojas muestra un equilibrio entre la realización de los potenciales dinámicos (las hojas) y el de las riquezas anímicas (las flores).

Las ramificaciones envuelven completamente los cuatro oros del centro, indicando así que forman el cuaternario espiritual que entra en el número 8, mientras que su cuaternario material está constituido por los cuatro oros exteriores, simbolizando toda la periferia lo físico, puesto que crea una delimitación entre dos medios y un detenimiento a la expansión del centro del ser que, por su situación en el centro de la carta, implica aquí la nota trascendente y espiritual.

Los tallos blancos tienen siempre su mismo significado de síntesis, de riqueza activa y de florecimiento.

Significaciones utilitarias en los tres planos

MENTAL. No se trata de una carta de suerte o de felicidad, porque precisa de un esfuerzo exactamente proporcionado a lo que se desea conseguir; las cosas no vienen por sí mismas, hay que hacer un esfuerzo para obtener un resultado.

ANÍMICO. Esta carta tampoco es sentimental, pero proporciona una seguridad en la amistad más que en el amor.

---

[1] Ver Tres de Oros, pág. 228.

FÍSICO. Al representar cambios proporcionados, indica negocios que tienen sus bases bien asentadas, sobre todo desde el punto de vista comercial.

Invertida. Aporta algunos trastornos a lo que precede.

* * *

En su sentido elemental, el Ocho de Oros representa las deducciones del hombre, comparando lo que está Arriba con lo que está abajo, procediendo de lo conocido a lo desconocido, recibiendo en la proporción que da y, en consecuencia, debiendo hacer un esfuerzo equivalente a aquello que desea obtener.

NUEVE DE OROS

Sentido sintético

Eʟ Nueve de Oros, poniendo en relieve mediante su cerco al oro central, y situándolo entre dos cuaternarios idénticos, simboliza que el ser ha realizado el equilibrio entre su Yo material y su Yo espiritual, y organiza sus conocimientos de la materia para construir su personalidad futura.

Sentido analítico

El oro central simboliza el ser humano, porque este no puede representarse más que en el punto central de la carta, y la compleja ramificación que le rodea indica la naturaleza de su trabajo.

Para analizarlo, se advertirá que los dos cuadrados de cuatro oros están simétricamente dispuestos y muestran así la equivalencia de lo espiritual y de lo material en esta carta, así como su equilibrio, puesto que puede ser vuelta sin modificar nada.

Este equilibrio reaparece también en la simetría del dibujo donde solo difieren los colores; pero también estos cambian simétricamente, el azul toma el lugar del rojo y viceversa. Únicamente el cáliz azul de la flor de abajo está reemplazado en la de arriba por un tono amarillo, para mostrar que corresponde al plano espiritual más que al plano material, porque si la materia tiene necesidad de la inteligencia para elevarse hacia lo alto, lo espiritual penetra en lo bajo por simpatía y por intuición y no por la razón; por esto es por lo que el azul reemplaza al amarillo en la ramificación inferior.

Esta coloración amarilla, con el azul del cáliz de la flor y su pistilo rojo, hace destacar lo alto de la carta, mientras que el cáliz rojo y su pistilo azul implican el cuaternario material.

La disposición del dibujo muestra, a través de las extensiones laterales que envuelven el oro central, una orientación primitiva del ser a trabajar ante todo su Yo, y su comprensión del ambiente mediante las actividades psíquicas y materiales; a equilibrarlo sobre las dos cruces dobles centrales, para expandirlo en una flor, o más bien en un potente brote, símbolo de su futuro ser.

Significaciones utilitarias en los tres planos

MENTAL. Conocimientos extensos, profundos, más particularmente en cosmogonía. Inteligencia que se adapta a las concepciones amplias, a la filosofía.

ANÍMICO. Anímico rico, incluso pasional, en su sentido elevado: flechazos por sentimiento superior, amores intensos sin desorden. Radiación.

FÍSICO. Negocios que obtendrán resultados si se hallan en su comienzo, o, sí están en curso, marcarán un rendimiento asegurado. Salud que produce actividad, vivacidad.

Invertida. Ligero entorpecimiento material de lo que precede.

* * *

En su sentido elemental, el Nueve de Oros representa el trabajo extenso, altruista y equilibrado del hombre, con vistas a su unión con el mundo.

DIEZ DE OROS

Sentido sintético

EL Diez de Oros, al tomar una disposición que hace aparecer 10 bajo los sucesivos aspectos: 3 + 4 + 3,5 + 5 ó 4 + 1 + 4+ l y 4 + 2 + 4, simboliza la complejidad del juego de las fuerzas cósmicas que rodean al hombre y de las que este debe servirse para edificar.

Sentido analítico

10 = 3 + 4 + 3 representa la materia (4) encuadrada y sostenida por el equilibrio ternario realizado en lo alto y en lo bajo.

Al indicar el 10 un ciclo cumplido, su construcción mediante 5 + 5 muestra una transición (5) en posibilidad hacia otro ciclo; la repetición del 5 indica que podrá hacerse a la vez por una vía material y una vía espiritual.

4 + 1 con 4 + 1 proporciona la nota dominante, porque el oro central, que aquí simboliza la unidad, es atravesado por el eje medio y da nacimiento al brote extremo. Colocado en el interior del 4, denota una actividad en una pasividad, y como el 10 es un número de orden sintético, por tanto superior, significa la chispa que anima la materia, o también, arriba, lo mental superior, y abajo, el cerebro inferior, de donde todo emana y que canaliza (mediante el tallo blanco) los otros elementos. Por otra

parte, el Oro siempre proporciona una conciliación entre el individuo y lo Universal, porque simboliza la individualidad a través del centro y los principios cósmicos a través de sus dibujos.

La doble cruz central representa la red de todas las complejidades de corrientes que reúnen los centros de fuerza constituidos por los oros. Las flores y los brotes señalan las evoluciones en preparación, cuya expansión o eclosión se hará en los siguientes ciclos. Las hojas en diagonales conciban los diferentes planos porque son transmisiones fluídicas. El 10 termina la serie numérica de los Arcanos menores, proporcionándoles el siguiente detalle:

La Carta 10 implica en las Espadas: el libre albedrío; en los Bastos: el Poder del trabajo; en las Copas: la aspiración a la ayuda providencial; en los Oros: la edificación sobre las bases lógicas. Los colores blancos, azules y rojos tienen su significación habitual.

Significaciones utilitarias en los tres planos

MENTAL. Espíritu universal, más particularmente erudito conociendo los secretos de la materia. En una cuestión ordinaria, indicación de ir al fondo de las cosas.

ANÍMICO. Carta radiante, pero fuera del sentido individualista. Amor a lo grande, porque el 10 es una quintaesencia, una apoteosis.

FÍSICO. Salud, belleza, armonía física. En negocios, cuestiones especiales, situadas fuera de ellas, como laboratorios de estudios. Punto de vista colectivo y no individual.

Invertida. Esta carta no se invierte. Trae a la memoria el Arcano XXI: el Mundo.

∗   ∗   ∗

En su sentido elemental, el Diez de Oros representa una totalización armoniosa que permite al hombre penetrar el fondo de las cosas y organizarías para el bien de los demás.

ARCANOS MENORES
DE FIGURAS

Introducción a los Arcanos menores de figuras

LAS Figuras de los Arcanos menores están destinadas a sintetizar la polaridad de los números; la actividad y la pasividad, indicadas respectivamente por los números impares y pares, son representadas, de una parte, por los Caballos y los Reyes, y de otra, por las Sotas y las Reinas. La representación humana ha sido utilizada para marcar un plano más elevado que el de los números, un plano en el que intervienen la responsabilidad y la libertad en los actos.

Más abstractamente, puede decirse que las Figuras simbolizan una síntesis de la cualidad de los números en un plano superior al de los cuatro Ases y que son una adaptación de la unidad —principio de los diez números— a lo Universal, en donde se sitúa el hombre.

El cuaternario consciente, formado por las Figuras, implica un valor terrestre y un valor evolutivo, simbolizando el primero el estado del hombre en el mundo físico, y la segunda, su necesidad de desprenderse de la materia mediante la evolución.

Esto viene indicado por el cuaternario de las Sotas, que es distinto al de los Caballos, el cual difiere a su vez del de las Reinas, como este último del de los Reyes.

Estas Figuras se caracterizan del modo siguiente: LA SOTA, en su forma elevada, es un punto de partida que representa la conciencia, no animada por el soplo todavía, y encerrada en la inmovilidad del 4, por lo que es el Caos consciente, presto a actuar, un potencial bajo presión. Es igualmente un anunciador, y su vestuario y sus atributos simbolizan el carácter del anuncio.

Más elementalmente, indica las cosas en potencia y prepara su ejecución, sin tener la fuerza suficiente para actuar, en razón de su pasividad.

Las cuatro Sotas denotan un trabajo interno, puesto que todas marcan la pasividad, pero interno en el sentido propio de la carta; esto destaca de la acentuación de su símbolo, porque cada Sota está representada sucesivamente por una espada muy larga, un bastón macizo, una copa muy alargada, y por dos oros, cuando ninguna otra figura dobla su símbolo.

EL CABALLO es ese Caos saliendo de su inmovilidad bajo el efecto del soplo evolutivo. El personaje está a caballo y no a pie, mostrando así que el principio de la Sota es llevado por la evolución. De ello resulta que, no siendo ya su propio dueño, no puede conducir su caballo si no es realizando un equilibrio. En el orden elemental, es esencialmente activo; transmite y actúa, siguiendo las directivas de la Sota.

Para perfeccionar esta evolución, el Caballo debe alcanzar a LA REINA, que representa la pasividad espiritualizada, al mismo tiempo que la sabiduría y la templanza, porque el principio femenino, en razón de su pasividad, guarda la calma y el equilibrio necesario para recibir la sabiduría. Principio fecundante, por tanto creador, que, en su sentido elemental, ilumina las aportaciones del Caballo.

Las tres Figuras precedentes permiten la realización final de EL REY, principio de fuerza y de poder, que resulta de la fusión del elemento pasivo: la Reina, y del elemento activo: el Caballo. El Rey representa la dominación en todos los planos, en el plano cósmico, por ejemplo, sobre los elementos. En su principio elemental, es realizador.

Los Arcanos menores de Figuras constituyen un elemento mixto entre las leyes de lo Universal —a las que el cuaternario obedece— y las leyes de la materia que dirige. Estos Arcanos están clasificados en último lugar, porque son conciliadores.

El Tarot reúne, pues, tres series relativas a las combinaciones de los números: la primera, formada por los Arcanos mayores, representa la acción de lo Universal sobre las combinaciones de los números; la segunda, formada por los Arcanos menores del 1 al 10, indica las combinaciones de los números en sí mismos, y la tercera, formada por los Arcanos menores de Figuras, determina las reacciones del hombre sobre las combinaciones de los números.

ARCANOS MENORES

FIGURAS DE ESPADAS

SOTA DE ESPADAS

Sentido sintético

La Sota de Espadas, mediante su figura vuelta hacia la izquierda, el empleo del brazo izquierdo sosteniendo la espada, y su posición de plante que marca la inmovilidad, muestra su pasividad [1]. La gran espada amarilla que sostiene verticalmente, sujetando la vaina roja, indica una fuerte acción mental, desprendiéndose de la materia para orientarse hacia lo alto. El conjunto sintetiza la preparación del hombre para desligar sus actividades mentales de la materia y organizar en un plano superior sus fuerzas espirituales.

Sentido analítico

Al simbolizar la Espada la extensión de una base (el pomo), en una dirección definida (la hoja), indica una prolongación de la acción cuyo origen está en la materia (vaina roja).

La pasividad de la Sota no permite a esta extensión ser eficaz y engendrar una realización; le hace cumplir un trabajo sobre el terreno, es decir, una preparación con vistas a una futura actividad concreta.

SOTA DE ESPADAS

[1] El lector tendrá a bien remitirse a la pág. 269: Sota de Copas, en el párrafo 2 del sentido analítico y en la nota 1.

Particularidades analógicas

El forro amarillo de la capa indica el potencial de sus fuerzas inteligentes, al estar todo potencial en estado latente y constituir una especie de envoltura de fuerzas, lo mismo que el manto envuelve al hombre. Este amarillo representa también una acción mental, protegida por una fuerza espiritual, designada por el azul, que tomará su fuerza de manifestación gracias a la fuerza física que, encontrándose sobre sus hombros, está indicada por el color carne.

La hoja de la espada posee en su base una doble raya negra, prolongada en una sola hasta los dos tercios de su longitud, subrayando así el potencial de fuerza [2]; su doble filo y su importante pomo indican que el hombre dispone, en el origen de sus actos, de una capacidad mental de doble acción; es decir, que puede ser llevado hacia el bien o hacia el mal.

Los siete botones de su túnica significan su afinidad con las siete primeras cartas, y en especial con el Arcano VII.

Su sombrero de amplia ala roja, doblada en azul, muestra su entorpecimiento por la materia, no pudiendo esta actuar sin una vibración de espiritualidad; pero el casquete amarillo precisa que la inteligencia que le anime y le saque de este estado vendrá de lo alto.

Su cabeza, inclinada a la izquierda, subraya aún más su pasividad, y sus cabellos blancos, su impersonalidad; no dirige ni influencia el trabajo, lo prepara. Las guarniciones blancas en el cuello, en la muñeca y en la guardia de la espada refuerzan esta noción, determinando una ausencia voluntaria de acción, negación de su personalidad.

Sus piernas azules, terminadas en pies calzados de rojo y vueltos en sentido inverso, son el indicio de una progresión futura a través de lo espiritual, actualmente en estado latente.

Los dos manojos de hierba, uno verde y amarillo el otro, emergen de un suelo amarillo desigual y son aportaciones de energía vital y mental.

---

[2] Ver a este respecto la explicación dada en el Siete de Espadas, que concierne igualmente al Tres y al Cinco de Espadas.

Significaciones utilitarias en los tres planos

MENTAL. Acontecimientos en marcha, próximos.

ANÍMICO y FÍSICO. Esta carta es indiferente en lo físico, pues las piernas azules y los pies rojos indican un escaso contacto con este plano.

Invertida. Obstrucción. Impotencia ante las fuerzas superiores. Incapacidad de organizar las actividades mentales.

*   *   *

En resumen, en su sentido elemental, la Sota de Espadas representa la elaboración interior que se produce en lo mental del hombre, cuando decide actuar.

CABALLO DE ESPADAS

Sentido sintético

Esta carta representa un caballero revestido con una armadura, sosteniendo una espada blanca y montado sobre un caballo al galope, de color carne, recubierto en parte de paños y cuyas pezuñas son azules. Simboliza de este modo una fuerza de propagación súbita, poderosa, esclarecida y disciplinada, apoyándose sobre las energías vitales del mundo físico y propagándose mediante las cualidades anímicas.

Sentido analítico

CABALLO DE ESPADAS

La armadura azul del caballero de Espadas muestra una voluntad enérgica y disciplinada de naturaleza anímica. La máscara que lleva sobre el hombro izquierdo es la señal de que el poder concedido al Caballero es transitorio y que no le pertenece, puesto que desaparece con la armadura, de la que, por lo demás, puede desprenderse.

La larga espada, sin color, así como su guardia, indican por su blancura una fuerza sintética, nacida de la luz y, en consecuencia, una fuerte proyección hacia los planos superiores; determina también una nota abstracta, es decir, que no desvela el plano donde se transmite su acción.

Particularidades analógicas

Los paños que recubren al caballo, revistiéndole de elementos flexibles, pero materiales, muestran que el punto de apoyo y de transmisión de la fuerza del Caballero (color carne del Caballo) está envuelto y protegido por las energías vitales de lo físico.

Estos paños, formando un caparazón, en su mayor parte rojos, con una cenefa amarilla arriba y abajo, unidos delante por una banda blanca, significando de este modo que su actividad será inteligente y equilibrada. Los diferentes dibujos, arabescos y puntos negros que figuran en la parte amarilla representan las partes materiales no evolucionadas aún.

El casco, punto de contacto con el suelo, es azul [1], e indica la base espiritual de la progresión. La herradura del casco está fijada con 5 clavos [2], siendo 5 el número de la vibración, es decir, de la propagación de un estado o de un plano a otro estado o plano. El número 10, simbolizado por los 10 clavos que bordean la parte visible de su casco, o sea 2 x 5, acentúa esta idea, pero recuerda, además, el Arcano X: la Rueda de la Fortuna, porque el Caballo de Espadas aporta, según el medio, la acentuación de la evolución, o una renovación en los acontecimientos; en una palabra, un cambio de situación imprevisto.

El azul de la coraza y del casco muestra que lo espiritual le protege en la lucha, y el amarillo, que esta protección depende de la inteligencia. El cinturón blanco, sobre el fondo azul de la coraza, indica que su espiritualidad está basada en la pureza. El caballero debe mantenerse sólidamente en la espiritualidad por medio de los estribos azules que calzan sus pies rojos, y el amarillo de su pierna, al tocar la parte superior del estribo, significa que la inteligencia debe aliarse con lo espiritual. La rodillera, azul delante y amarilla detrás, confirma lo que precede.

Las crines sirven al Caballo para cazar insectos, y al aparecer aquí azules, muestran que son la escoba espiritual que apartará los parásitos susceptibles de querer fijarse sobre la voluntad.

---

[1] Los cascos de los Caballos de los cuatro caballeros son azules, señalando así la base espiritual de su acción.

[2] Este detalle se encuentra en los otros tres Caballos.

El galope del Caballo indica la rapidez de aparición de la fuerza propagada por esta carta. La dirección oblicua del Caballo, determinando una orientación pasiva del Caballero, muestra que no es el origen de lo que transmite, pero que da un curso rápido a una actividad comprometida. Sus cuatro cascos azules determinan su dirección espiritual.

La máscara de color carne que el Caballero lleva sobre el hombro simboliza igualmente la herencia física que las luchas llevadas a punta de espada deben destruir y disipar sus taras, así como la carga que esta herencia le impone. Es en el plano físico donde debe golpear, porque la parte de arriba del brazo que sostiene la espada es roja, y su antebrazo y su mano color carne.

El suelo amarillo, desigual, estriado de rayas negras, indica resistencias; los manojos amarillos, aportaciones intelectuales que vienen a ayudarle.

Significaciones utilitarias en los tres planos

MENTAL. Aporte de claridad en los proyectos y su solución, de manera imprevista, haciendo ver sus múltiples aspectos.

ANÍMICO. Cambio, aportación rápida, vibrante, porque el caballo está galopando.

FÍSICO. Realización imprevista que nada hacía presagiar.

Invertida. Grandes impedimentos, bullicio, retroceso en los negocios.

*   *   *

En resumen, en su sentido elemental, el Caballo de Espadas representa el rápido mandato del hombre; su reflejo de decisión ante el acontecimiento que no espera y que constituye lo imprevisto del destino.

REINA DE ESPADAS

Sentido sintético

Representada por una mujer vuelta hacia la izquierda, de blanca cabellera, coronada, sentada en un trono ancho y alto y sosteniendo verticalmente una espada roja, la Reina de Espadas simboliza el papel todopoderoso que representa la intuición iluminada en el juicio, al cual deben subordinarse las actividades mentales, cuando se ejercitan sobre la materia.

Sentido analítico

Las Reinas significan la pasividad, la intuición subconsciente, es decir, la asimilación mental y anímica, permitiendo la comprensión esclarecida e inspirada, porque todas llevan una corona y, a excepción de la Reina de Oros, tienen una blanca cabellera esparcida sobre los hombros.

La corona, cuya forma indica una radiación, toma su origen en los planos sutiles y a través de sus florones, centros de atracción, constituye un reflejo de los principios cósmicos y muestra que las Reinas tienen acceso a lo Universal.

La cabellera blanca representa una radiación compleja y sintética de lo mental, mientras que su forma esparcida denota una gran fuerza de voluntad, sin

REINA DE ESPADAS

predominio de un lado sobre el otro, es decir, del polo izquierdo sobre el derecho, e inversamente.

La pasividad de las Reinas está manifestada por su posición de sentadas y, salvo en la Reina de Bastos, por su orientación hacia la izquierda. El asiento está más fuertemente marcado en la Reina de Espadas, porque su incubación es más profunda que en las otras Reinas, y viene reforzada por el envolvimiento precisado en su vestido, significando que se obliga a un trabajo muy interior.

En suma, su posición y lo que la acompaña subrayan la particularidad mental de la carta.

Particularidades analógicas

La espada que sostiene muestra que su papel consiste en juzgar, porque la espada corta, divide, simboliza el juicio, y este debe ser impersonal e inspirado por miras sintéticas, tal y como la cabellera blanca de la Reina lo define.

Esta espada es roja, porque se le pide soluciones en la materia, y su guardia es amarilla, para mostrar que la inteligencia debe intervenir evitándole llevar un juicio sometido a la materia. Su mirada vuelta hacia la espada roja, a la izquierda, indica igualmente que debe sumergirse en su pasivo, es decir, en sus conocimientos del mundo físico, para elaborar los elementos de su decisión.

Los puntos señalados sobre la corona, el cuello y el cinturón evocan su acuerdo con los principios cósmicos y su afinidad con los Arcanos mayores comprendidos en el número de puntos. Los de la corona, en número de 12, la ligan con los 12 primeros Arcanos y la hacen más activa cuando está con una de ellas; además, el 12 forma un ciclo evolutivo completo, y un juicio solo está bien asentado si abraza toda la evolución de la cuestión.

Los 8 puntos del collarín y del cinturón muestran su afinidad con el Arcano VIII, y presentan con él similitudes de destino; pero como pertenece a los Arcanos menores, es decir, a los principios elementales, su acción es menos amplia, menos extensa, menos poderosa y menos concreta que la del Arcano VIII. Los puntos del collarín tienen un sentido de justicia anímica, y los del cinturón, un sentido práctico.

Significaciones utilitarias en los tres planos

MENTAL. Juicio obtenido a través de la intuición.

ANÍMICO. Protección de los sentimientos por un sentido íntimo de sus consecuencias.

FÍSICO. Sin acción, porque esta depende de lo mental y su pasividad le impide aportar cambios; por ejemplo, en un litigio. En un negocio, no aporta nada. En un caso de salud, indica que el médico o el remedio actúa lo mejor posible, sin dar resultados.

Invertida. Muy mala, porque somete a todas las injusticias, a todos los juicios y a todas las calumnias.

*   *   *

En su sentido elemental, la Reina de Espadas representa la obligación para el hombre de no actuar sin haber consultado a su intuición, despertando mediante concentración los conocimientos sobre la cuestión objeto de sus actividades mentales.

REY DE ESPADAS

Sentido sintético

SOSTENIENDO en la mano derecha una espada cuya hoja es color carne, y en la izquierda un bastón de mando; tocado con un sombrero, de fondo blanco y exterior azul y rojo, con un casquete en forma de corona, la cabeza vuelta hacia la derecha, y en una posición a medio sentar, el Rey de Espadas indica la preparación para la acción lúcida, hecha con los conocimientos superiores debidos a la actividad mental.

Sentido analítico

Las partes que figuran en blanco en el Rey de Espadas indican, de un lado, su impersonalidad y, sin precisar una acción especial, revelan un estado de consciencia del ser, propio para adaptarse a los trabajos implicados por las llamadas de la evolución y, de otro lado, una impregnación de luz en la organización íntima de la parte de sus concepciones ligadas a lo Universal (blanco interior del sombrero), en su actividad mental (cabellera blanca), en el equilibrio de sus deseos con sus operaciones físicas (cinturón blanco) y en la dirección de sus acciones (cetro blanco).

Particularidades analógicas

El Rey está vuelto hacia la izquierda, su cabeza hacia la derecha, y está sentado con un pie hacia delante; es decir, que es pasivo y estable, pero está presto a la acción.

La Espada es color carne, mostrando que la acción del Rey se ejerce mediante un dinamismo vital y se extiende a la humanidad; es decir, que se reviste de altruismo; anima las cosas que le son presentadas. La guardia, importante y amarilla, simboliza la inteligencia de su actividad.

Por otra parte, sobre la rodilla en que reposa la espada, el círculo que en ella figura está en relación con la actividad, al igual que los dos círculos de la otra rodilla están en relación con la pasividad. Estos círculos refuerzan sus efectos recíprocamente cuando se encuentran.

Su blanco bastón de mando, estriado en negro, indica el dominio de su subconsciente, porque está sostenido por la mano izquierda, y señala de este modo que el rey ya no tiene la preocupación de actuar fuera de su voluntad. Las rayas negras determinan que su impersonalidad está fuera de la impersonalidad divina, que es absoluta. Finalmente, el pomo de oro se asemeja a la guardia de la espada.

El sombrero, de forma ondulada, precisa que las construcciones mentales del Rey le ponen en relación con el infinito cósmico. La corona, en el interior del sombrero y disimulada en parte, muestra que, al manifestarse parcialmente, se producen espontáneamente cambios entre los elementos cósmicos y los conocimientos subconscientes de lo mental.

Las dos máscaras diferentes, sobre los hombros, indican su acción en planos contrarios, porque contrastan en sus expresiones.

Los doce canelones del cinturón se reúnen con los 12 Arcanos mayores, señalando el equilibrio de estos 12 principios entre lo anímico y lo físico, como los puntos del cinturón de la Reina de Espadas; pero estos últimos eran puntos, es decir abstractos, y se asociaban al papel íntimo y profundo de los Arcanos mayores, mientras que los canelones se adaptan al papel práctico del Rey. Los otros puntos que figuran en su traje son centros de condensación fluídica que manifiestan la acción del Rey en los diferentes planos, correspondientes a las partes de la vestimenta sobre las que se encuentran y en el detalle señalado por el número de puntos; de este modo, los 4 situados bajo la máscara que reviste su hombro derecho significan su papel en el cuaternario de los elementos, es decir, en la materia; los 6 puntos sobre la coraza, a la izquierda, muestran aquello que debe hacer evolucionar mediante el sacrificio psíquico o su papel anímico evolutivo, y los 8 a la derecha, lo que debe hacer evolucionar mediante la rectitud de su juicio.

El trono sobre el que el Rey está sentado es de color carne, con un reborde amarillo, una parte del cual está estriado de rayas negras, reproducidas en el suelo, bajo sus pies, evocando las sombras kármicas que van acompañadas de una cierta fatalidad, así como las resistencias a vencer en el plano material.

Los signos negros trazados abajo sobre el tronco muestran el trabajo de la materia, basado sobre los conocimientos del pasado; al estar hecho el trono de materia y servir como apoyo, aporta el beneficio de un trabajo interior. Estos signos se componen de una espiral y hojas, indicando así que este trabajo se manifiesta mediante las leyes geométricas aplicadas a la evolución de la materia o de la naturaleza, al ser la espiral una extensión de las fuerzas (nebulosas), y las hojas una expansión de la vida vegetativa.

El color negro indica su papel oculto y la oscuridad kármica que de allí puede fluir.

La figura de su hombro izquierdo, rodeada y enmarcada por líneas negras, parece reír; del otro lado, la figura sin líneas tiene su boca cerrada; son las dos caras de un asunto, la de su derecha representa la actividad psíquica, y la de su izquierda recuerda, con sus estrías, la fatalidad que pesa sobre el Rey de Espadas.

El conjunto de su indumentaria, análogo al del personaje del Carro, responde a una puesta en camino y a una energía psíquica, reforzando sus actividades mentales, y propia de la Espada.

Significaciones utilitarias en los tres planos

MENTAL. Aportación rica, compleja, caracterizada por la importancia del vestuario. Su juicio es equilibrado y profundo. Radiación en to-

dos los dominios. Facultad de dar en el clavo, de dar soluciones para cosas diferentes (acción determina por las dos máscaras de los hombros).
ANÍMICO. Protección y consuelo.
FÍSICO. Esta carta está en relación con los Arcanos mayores V, VI y
VIII. Si un asunto duerme, lo despierta. Estado de salud dudoso, porque la flor negra, en el trono, indica un peligro que resulta del pasado.
Las estrías negras del asiento, por otra parte, son sombras de las que la
flor es el resultado, y la parte en forma de 9 es un elemento que se des-
pega, una disgregación de ese pasado. Este conjunto supone para la
carta una cierta fatalidad.

Invertida. La pesadez de este trono macizo entraña las cóleras, las
groserías, los bajos goces.

*   *   *

En resumen, en su sentido elemental, el Rey de Espadas representa
los logros del hombre en toda tendencia de sus actividades mentales,
cuando dicha tendencia va acompañada de una reflexión.

ARCANOS MENORES

FIGURAS DE COPAS

SOTA DE COPAS

Sentido sintético

La Sota de Copas, por la orientación de su marcha, por la larga capa abierta que presenta hacia delante, y por su cabellera blanca, ceñida con flores de cuatro pétalos, indica que todo trabajo, todo esfuerzo psíquico o espiritual, acompañado de una ofrenda, viene a ser anunciador o transmisor de una aportación bienhechora.

Sentido analítico

La pasividad de la Copa, junto a la de la Sota, está indicada por la marcha hacia la izquierda. Al no haber iniciativa, la Sota debería permanecer inmóvil; por tanto, su movimiento indica, que es interno y que su marcha simboliza una tendencia y no una realidad.

Por otra parte, conviene recordar que su desplazamiento únicamente tiene lugar hacia la izquierda para el espectador de la carta, y que, para la Sota, el movimiento se efectúa hacia su derecha [1]. Esta contradicción es aparente. La actividad de la Sota hacia su derecha está en sí misma e implica una fuerte

SOTA DE COPAS

[1] Ver a este respecto las explicaciones sobre la posición de los personajes, dadas en la nota 1: El Mago, pág. 33.

elaboración interna; en su manifestación exterior, esta actividad invierte su sentido, como el gesto de una persona vista en un espejo, y esta transposición simboliza una fuerte tendencia psíquica, fuerte por la operación interna de la Sota, que es altruista, puesto que tiene lugar hacia la derecha, y psíquica en su aspecto, ya que aparece fuera como una expansión del corazón.

Particularidades analógicas

La Copa, larga y estrecha, indica la profundidad y la mesura de lo que contiene; está abierta para que se la pueda llenar, indicando con esto que se le debe dar cualquier cosa a cambio de la promesa hecha por la marcha de la Sota a fin de que haya una comunión.

Tiene la copa en la mano derecha y la tapa en la mano izquierda, para mostrar que el hombre encierra o descubre sus conocimientos según las necesidades de su trabajo.

La prominencia roja en el centro muestra que la ofrenda debe ser un sacrificio hecho en la materia.

Contra la copa, el velo, color carne, reverso de un tejido amarillo que envuelve el cuello, es una protección que le proporcionan una inteligente concepción y el empleo de las fuerzas vitales, porque los dones psíquicos aportados por la Sota están necesariamente equilibrados y deben ser preservados de toda caducidad.

Además, estas ofrendas, veladas a medias y no descubiertas francamente, son esperanzas, promesas en curso, por lo tanto posibilidades y no realidades.

La amplia casaca roja, flotando en torno al personaje, en contra de la que encierra estrechamente a la Sota de Espadas, lo muestra más desprendido que aquélla de la materia.

La corona de flores precisa que la elaboración mental de las aportaciones o de las receptividades de la Copa son de orden anímico, pero susceptibles de convertirse en sentimientos afectivos; los cuatro pétalos implican la concretización simbolizada por el cuaternario.

La blancura de los cabellos muestra la impersonalidad de la Sota, es decir, la ausencia de individualismo en los albores de una obra psíquica.

Los zapatos rojos indican el trabajo en el plano inferior.

Las estrías negras y el suelo amarillo, desigual, determinan resistencias en todos los planos; los manojos verdes, aportes de energía vital para vencerlas, y los manojos amarillos, aportes intelectuales.

En tanto que las Cartas de Copas del Dos al Diez representan copas enteramente amarillas, a excepción del orificio rojo, simbolizando el receptáculo de las actividades humanas y los sentimientos pasionales revestidos de inteligencia, y que si se lanzan con un espíritu sincero hacia lo alto, serán acogidas, la copa de la SOTA posee un centro rojo, redondeado [2], que implica el esfuerzo enérgico que debe hacer el alma en la materia para conciliar el lado universal y el sintético de la inteligencia anímica, manifestado por la esfera.

Significaciones utilitarias en los tres planos

MENTAL. Consuelo en los pensamientos espirituales, en los proyectos. Extinción de la duda.

ANÍMICO. Alivio más poderoso que el precedente, porque las Copas son psíquicas, consuelo en las esperanzas. Aportación de un sostén afectivo.

FÍSICO. Desligamiento completo de un asunto de sentimientos, liberación de la tristeza. Salud, esperanza de curación, si existe enfermedad grave.

La misma particularidad, existe en el Caballo de Copas y en la Reina del mismo palo.

Invertida. Agobio en la angustia, indigencia psíquica. Sensación de abandono total.

*   *   *

En resumen, en su sentido elemental, la Sota de Copas representa el aporte espiritual y dichoso que viene al hombre cuando su evolución psíquica se acompaña de la ofrenda del alma.

---

[2] La misma particularidad existe en el Caballo de Copas y en la Reina del mismo palo.

CABALLO DE COPAS

Sentido sintético

EL caballero de Copas, destocado, soportando, en la mano derecha, una amplia Copa abierta y trotando hacia la izquierda, indica el arrebato entusiasta de los seres llamados hacia lo alto y arrastrados a toda expansión altruista.

Sentido analítico

La Sota de Copas significaba una promesa de aportación a cambio de una ofrenda; el Caballo llega con esta aportación, de orden anímico, ante todo en virtud de la significación innata de la Copa, y después porque está vuelto hacia la izquierda.

CABALLO DE COPAS

Particularidades analíticas

Este caballero tiene el aspecto de una Sota a caballo. La Copa, que tiene colocada de plano sobre la mano derecha como la de la Sota de Copas, simboliza los tesoros terrestres acumulados, es decir, toda la ciencia humana; pero esos tesoros, que atraen al poseedor de la Copa, son transitorios, no pudiendo la ciencia cristalizarse en la inmovilidad.

Cuando la Copa tiene la forma de un doble embudo puede ser vuelta, y la ciencia que contiene en estado pasivo, inconsciente, puede ser orientada tanto hacia lo alto como hacia lo bajo y tanto buena como mala; la del Caballo rompe esta simetría; está ampliamente abierta para mostrar que los tesoros de la ciencia en su posesión ya no pueden cambiar sus cualidades; son buenos o malos.

Su cabeza, sin sombrero, y la copa abierta son la indicación de que recibe directamente la inspiración y las aportaciones de lo alto.

El caballo, color carne, simboliza la energía nerviosa y las fuerzas vitales empleadas para la aportación; el trote marca el ímpetu y muestra que esas fuerzas podrían sobrepasar el poder del caballero si este no le retuviese por un simple dogal, sostenido con la mano izquierda, indicando de este modo que no puede dirigirlo enteramente, sino solo contenerlo.

La esfera roja del centro de la copa tiene la misma significación que la de la Sota de Copas, el esfuerzo que debe realizar el alma en la materia.

Las crines azules, así como los cuatro cascos, tienen la misma significación que en el Caballo de Espadas.

Los cuatro puntos en el cuello del caballo responden al cuaternario y al Arcano IV: el Emperador, e indican la poderosa fuerza de la aportación, así como su solidez; los 4 puntos y los 3 puntos en las correas de la grupa muestran que el caballero actúa en los 3 planos de la conciencia y bajo los 4 aspectos constitutivos del plano material; es decir, con una gran extensión (3 + 4 = 7 = la escala).

Los adornos amarillos que decoran el caballo muestran que la inteligencia está en la base de su acción, y el estribo, que el punto de apoyo del caballero es neutro: no se contiene al conocimiento, va de un sitio a otro, se extiende.

La variedad de los colores del traje tiene la misma significación que en el Caballo de Bastos.

El mismo significado del suelo que en el Caballo de Espadas.

Significaciones utilitarias en los tres planos

MENTAL. Aportación de ideas fecundas, inspiración, ideas que surgen espontáneamente.

ANÍMICO. Floración de dones artísticos, sobre todo para un músico, porque la escala está representada por $4 + 3 = 7$.

FÍSICO. Matrimonios felices, bien emparejados, muy buena salud.

Invertida. El poder de la carta es menguado en una mitad solamente, siendo demasiado activo para ser aniquilado; hay demoras o impedimentos.

*   *   *

En su sentido elemental, el Caballo de Copas representa el elemento sensible y afectivo del hombre, susceptible de arrebatos generosos y de abnegación.

REINA DE COPAS

Sentido sintético

Sᴇɴᴛᴀᴅᴀ hacia la izquierda, bajo un dosel, y llevando un doble tocado, la Reina de Copas, sosteniendo en la mano derecha una copa cerrada, y en la mano izquierda un cetro en forma de huso blanco, simboliza la íntima condensación de las fuerzas anímicas, para expresarlas bajo la forma del amor en su universalidad, tanto en abnegación como en afecto, y con el sentimiento de su aplicación cotidiana.

Sentido analítico

La Copa, al reposar sobre su rodilla derecha y al estar firmemente sostenida por la mano derecha, denota su capacidad de realización en el mundo material en su plena radiación anímica.

El dosel, por su forma envolvente, y el doble tocado y la copa, por su cierre y su forma esférica, muestran que la gran pasividad de la Copa, acentuada por la orientación a la izquierda, se concentra en el interior del ser y se reviste, además, de universalidad, siendo la esfera la representación del universo en su conjunto.

Esto está indicado también por la forma del cetro, cuyo color blanco, que simboliza lo abstracto y la síntesis de los principios, constituye una antena con-

REINA DE COPAS

densadora de las fuerzas universales. Estas son recogidas en la base por la mano izquierda, que las transmite al psiquismo del ser.

Particularidades analógicas

El huso simboliza, en general, el trabajo cotidiano, seguido con perseverancia. Esta noción, añadiéndose a las precedentes, manifiesta la aplicación de los sentimientos, representados por la Reina de Copas en lo concreto y los detalles de la vida. Son los mil matices del amor que ennoblecen su lado material. El color, carne y amarillo, del dosel ilustra aún más este descenso voluntario en la vida y la inteligencia de la materia.

La banda roja que comunica el cuello de la Reina de Copas con el extremo del cetro y con su mano representa una corriente activa que permite conceder la fuerza de acción en lo físico, actuando el cetro como antena.

El cinturón, con sus 9 puntos, evoca el triple ternario, es decir, el acuerdo armonioso de todos los mundos, en los 3 planos; dichos puntos indican también la complejidad de los dominios donde puede ejercerse la actividad psíquica, porque el 9 finaliza los números primordiales.

El tocado azul, adornado con un disco rojo, intercalado entre los cabellos y la corona, indica una voluntad de no abrirse a lo Universal (significando la corona radiación en lo Universal) antes de haber contemplado las buenas obras materiales impregnadas de sacrificio y concebidas con un espíritu material (el rojo del tocado está envuelto en azul).

La bola roja, que separa el pie tetraédrico de la Copa de su parte superior esférica, simboliza, por la capacidad de difusión de la Reina de Copas y gracias a su naturaleza específicamente inteligente, el esfuerzo enérgico, voluntario e incesante que debe hacer el alma en la materia para conciliar el papel universal y sintético de la inteligencia anímica manifestada mediante la esfera, con su armazón en el plano físico, simbolizada por el tetraedro.

El cierre de la Copa refuerza su pasividad de principio y acentúa la condensación anímica implicada por la carta, que se expresa mediante el tesoro de amor que todo ser puede poseer en el fondo de sí mismo;

pero es necesario un esfuerzo para abrir la Copa, es decir, para manifestarlo. La indicación de este esfuerzo es el empleo de la mano derecha para sostener la Copa.

En el extremo superior de la copa están dispuestos tres rectángulos que representan el ternario: Amor, Luz, Vida, en el plano espiritual, y los seis motivos en forma de grecas, en el centro, sitúan el doble ternario: Amor, Luz y Vida, bajo su doble aspecto de pasividad y de actividad.

Las ocho líneas de abajo simbolizando los cuatro estados de la materia en pasividad y actividad, y las tres líneas sobre la bola roja central, son los reflejos del ternario en el plano material.

Significaciones utilitarias en los tres planos

MENTAL. Trascendencia. Puesta en relación con fuerzas universales o con grandes inteligencias.

ANÍMICO. Esta carta está por encima del amor sexual, representa el amor universal y el altruismo superior.

FÍSICO. Dominio, éxito completo. Todo asunto de sentimiento se realiza plenamente. Salud perfecta.

Invertida. Muy mala. Ofuscación durable, porque todos los principios están trastornados, del revés. Extravío total. El rescate, en este caso, necesita el concurso de la Sota de Espadas, y, en especial, del Caballo de Espadas.

*   *   *

En su sentido elemental, la Reina de Copas representa el sentimiento de altruismo que el hombre lleva en el fondo de sí mismo, pero que únicamente puede manifestar a través del esfuerzo cotidiano de abnegación y afecto.

REY DE COPAS

Sentido sintético

Bien sentado, con el cuerpo orientado a la izquierda y la cabeza a la derecha, tocado con una corona, fuertemente prolongada a derecha y a izquierda por tejidos azules dentro y rojos fuera, el Rey de Copas sostiene con la mano derecha una larga copa, de pequeña abertura, para mostrar que toda realización efectiva debe acompañarse de un estado pasivo que permita al ser orientarse hacia lo alto mediante la extensión de su psiquismo, tal como la plegaria o cualquier otra elevación mística.

REY DE COPAS

Sentido analítico

Las prolongaciones de la corona son arrebatos anímicos, empujes de la energía nacidos de los sentimientos para abrirse a lo Universal, y caracterizan una gran actividad psíquica con un sentimiento muy impersonal.

Particularidades analógicas

La corona, sólidamente colocada sobre su cabeza cubriéndola completamente, muestra que la extensión de su radiación abraza todo su mental y le permite comunicar directamente con lo Universal.

El tocado blanco, bajo la corona, es un elemento sintético intercalado para establecer una transición entre lo mental y sus medios de expresión (corona y alas). La parte que cubre su oreja forma protección para evitar la mezcla de corrientes y muestra que no se deja distraer en su misión. Las líneas negras que figuran en ella con su propia resistencia, y el tejido blanco que parte de su cuello para reunirse con la copa señala la impersonalidad que, en último recurso, sintetiza su aportación. Blancos también su bigote y su barba separada en dos puntas, caracterizan su juicio impersonal.

La posición bien asentada del Rey tiene por objeto afirmar la pasividad que le impone la naturaleza de la copa, pero su cabeza dirigida hacia la derecha indica la obligación de una actividad en el pensamiento interior, que se afirma por el hecho de que la Copa está sostenida por la mano derecha.

La Copa es alargada, para hacer resaltar el tiempo de la incubación de los sentimientos altruistas o místicos y la extensión de lo que el ser debe dar por sí mismo; la copa de la Sota era igualmente alargada, pero, al no aportar más que una esperanza, debía recibir en lugar de dar.

La Sota y el Caballero mantenían solamente la copa, mientras que el Rey y la Reina la sostienen sólidamente para indicar que los dos primeros reciben: la Sota para incubar, el caballero para transmitir; en tanto que los segundos representan: la Reina, una fuerza de captación que asegura la intuición, y el Rey, una fuerza de difusión que hace manifiesto su psiquismo.

La mano izquierda, colocada sobre un cinturón dorado, implica un esfuerzo interior para realizar por medio de lo mental un equilibrio entre los sentimientos conscientes (pecho) y los instintivos (vientre).

Los cuatro botones sobre el tórax azul indican los cuatro períodos de elevación, yendo del psíquico al espiritual, pasando por el anímico y el mental.

El rojo de la capa representa su actividad psíquica, y la cenefa y el forro amarillos, la inteligencia de esta actividad, orientada hacia la realización psíquica. Las rayas negras son las resistencias que encuentra.

La parte de abajo del trono, color carne, con sus numerosas rayas negras, representa los obstáculos que el Rey encuentra en el dominio nervioso, antes de materializar en el físico su aportación psíquica subrayada por el color azul de sus pies.

El suelo amarillo, curiosamente realzado con líneas negras en todos los sentidos, confirma su pasividad.

Significaciones utilitarias en los tres planos

MENTAL. Seguridad en el juicio.

ANÍMICO. Amor muy extenso, muy reconfortante (como en un San Vicente de Paúl), muy dinámico como sentimiento. Protección psíquica.

FÍSICO. Relación con los dos Arcanos mayores XVII y XXI. Abundancia. Asuntos considerables, que marchan bien, más bien de una importancia social o de orden general, como una exposición internacional.

Invertida. Fortísima torpeza, con grandes dificultades de liberación obtenida después de mucho tiempo.

* * *

En su sentido elemental, el Rey de Copas representa la renuncia voluntaria de su personalidad para abrirse con confianza a lo Universal.

ARCANOS MENORES

FIGURAS DE BASTOS

SOTA DE BASTOS

Sentido sintético

LA Sota de Bastos, por su orientación hacia la derecha, su pie izquierdo adelantado, dispuesto a la marcha, sus dos manos sobre el basto verde vertical, como si fuese a emplearlo, implica una tensión en su pasividad y una actividad cercana a la materia, considerada como fuente de energía.

Indica que las fuerzas de la naturaleza están a disposición del hombre y siempre prestas a ser utilizadas por él.

Sentido analítico

El basto verde, en forma de estaca, indica las energías vitales que el hombre utilizará como soporte, como palanca, como martillo o, como fuerza sutil, por medio de la hoguera. Las manos de Sota, posadas sin opresión, indicando una toma de conciencia de esas fuerzas, y el espacio entre ellas, muestran actividad y poder en todos los dominios, puesto que la toma del basto es completa.

El tocado rojo de la Sota denota que su trabajo se organiza en el plano físico, con un coronamiento inteligente y una ausencia de personalidad, marcadas por los dos galones, uno amarillo y el otro blanco.

SOTA DE BASTOS

Particularidades analógicas

El verde del basto significa que la materia solo puede producir frutos cuando toma un estado de conciencia. Su forma, más ancha hacia el suelo, simboliza que la materia siempre será más pesada, pero que tendrá, para aquel que sepa servirse de ella, una base muy sólida y se convertirá en su servidora en todo. Podrá, sin embargo, ser el instrumento de su destrucción, según el uso que de ella se haga.

El manto rojo, forrado de amarillo, que lleva sobre la chaqueta azul de mangas azules y carne, simboliza que las fuerzas de la naturaleza solo dejan de ser activas si el hombre no penetra en el dominio espiritual. Si entra allí, estas fuerzas ya no son manejables por él. Por tanto, para servirse de ellas necesita cubrirse con un manto rojo (materia), pero no olvidará que al manejarlas debe revestirse interiormente de espiritualidad (azul).

Las piernas desnudas recuerdan que esas fuerzas, que pueden servir al hombre en su marcha, no le aportarán, empero, nada que pueda transmitir; quedará desnudo, porque estas fuerzas no dan nada en el dominio espiritual puro y no ayudan a la evolución.

Las líneas negras, sobre el suelo amarillo (mental), sobre el traje azul (espiritual) y sobre las medias carne (acción física), así como en sus cabellos blancos (impersonalidad), representan las resistencias en la materia, pero el manojo de hierbas verde y el basto son la prenda de una energía que le permitirá triunfar de esos obstáculos.

Significaciones utilitarias en los tres planos

MENTAL. Cosas llevadas a pie de obra, prestas a ser utilizadas. Empieza a formarse algo que tomará cuerpo realmente.

ANÍMICO. Unión próxima que prepara su manifestación, su realización física.

FÍSICO. Actividad próxima (la Sota tiene el bastón y está dispuesta a manejarlo). Salud recobrada. Puesta en marcha de un negocio en preparación. Pasará de proyecto al estado material.

Invertida. Retraso. Confusión en los proyectos recientemente ela-
borados.

*   *   *

En resumen, en su sentido elemental, la Sota de Bastos indica la fermentación de las energías materiales de que dispone el hombre y que le
incitan siempre a actuar.

CABALLO DE BASTOS

Sentido sintético

Ricamente vestido, montado sobre un caballo que va al paso y cuya blanca cabeza está orientada hacia la izquierda, el caballero de Bastos, que sostiene su basto en la mano izquierda, indica una fuerte pasividad y un trabajo interior; pero como lleva su basto hacia la derecha y verticalmente, señala que manifiesta no obstante la energía de la que es transmisor, y que él mismo representa el transporte de las energías físicas a través de la materia hasta su eclosión.

Sentido analítico

CABALLO DE BASTOS

La Sota de Bastos simbolizaba las energías que la naturaleza pone a disposición del hombre, pero estas, encerradas en la materia, solo pueden llegar a su utilización después de un trabajo de eclosión en ella. Todas las fuerzas utilizadas por el hombre sufren un trabajo preparatorio antes de su puesta en juego: elaboración lenta de la hulla, de los productos químicos, de los minerales en su ganga, etc.

En el Caballo de Bastos, esta elaboración interna está indicada por el caballo, fuerza organizada, pero sin acción personal, porque su cabeza es blanca; y si su crin azul implica la energía en lo espiritual, su loriga, color carne, le entorpece envolviéndole en materia; pero tejida de fuerzas vitales, asegura la actividad de su trabajo interno. La inmovilidad del caballo muestra la pasividad necesaria para dicho trabajo interno; constituye igualmente una base que aporta la certeza de que las cosas van a establecerse en el plano físico.

El empuje de la energía a través de la materia para subir a un plano más elevado está indicado por la dirección vertical del basto y su posición de abajo arriba.

Particularidades analógicas

En oposición a la Sota, apoyada sobre su basto que toca tierra, simbolizando así el hombre presto a la marcha en su vida terrestre, el caballero de Bastos, mediante la progresión evocada por su caballo, representa al hombre encaminándose hacia la evolución.

El caballo tiene la cabeza vuelta de lado y las patas ocultas, para indicar que el hombre en su vida física ignora y no debe conocer de antemano adonde le llevarán sus pasos; sin embargo, los cascos visibles y de color azul muestran que seguramente está guiado por una fuerza espiritual. El aspecto del caballo, su aire inteligente, con las orejas en punta, y su crin azul denotan que el plano abstracto no está desatento al plano físico.

El basto amarillo y su extremo superior rojo significan que el hombre, habiendo comenzado por caminar torpemente en la materia, toma ahora su fuerza (símbolo del Basto) y camina con la inteligencia de lo alto, siempre en contacto con la materia, pero sin ser dirigido por ella. El caballero mira atentamente su basto, porque la mirada, símbolo de efluvios inteligentes, se vuelve hacia el símbolo de la fuerza.

Su sombrero, en forma de 8, muestra por la disposición de los colores: azul, amarillo y rojo, que la elaboración de las fuerzas se hace en equilibrio bajo el impulso de lo anímico, revestido de inteligencia, expresándose en lo físico por medio de las actividades mentales.

La riqueza de sus vestidos determina la adquirida en conocimientos a través de las vidas sucesivas, y su aspecto general, el dominio que el hombre puede adquirir inspirándose en las fuerzas de lo alto.

Los 4 puntos sobre la cadera, así como la flor de 4 pétalos en la rodilla, indican el trabajo material del caballero, mientras que los 7 puntos de la guarnición muestran que el trabajo de las energías se hace en todas sus formas, porque el septenario simboliza todas las escalas vibratorias. Estos números establecen igualmente un lazo entre el Caballo de Bastos y el Emperador (Arcano IV), lo mismo que el Carro (Arcano VII).

El estribo, de color carne, subraya que el punto de apoyo que permite esta ascensión, esta evolución, está en un plano físico, y la correa roja es el soporte nervioso de una actividad física.

La misma significación del suelo que en el Caballo de Espadas.

Significaciones utilitarias en los tres planos

MENTAL. Actividad inteligente e intuitiva en la materia, realización feliz.

ANÍMICO. Aproximaciones en materia de sentimientos de toda naturaleza: amistad, afecto, asociación. Actividad protectora: encubre las cosas con vistas a una incubación más fácil.

FÍSICO. Realización armoniosa. Éxitos en los negocios. Solución feliz de un asunto en curso. Desde el punto de vista de la salud, esperanza para los convalecientes de recobrar la salud, de una primavera en la vida.

Invertida. Demora, resistencia.

*   *   *

En resumen, en su sentido elemental, el Caballo de Bastos representa la incubación por el hombre de las energías materiales puestas a su disposición, con el fin de que pueda manejarlas a su conveniencia.

REINA DE BASTOS

Sentido sintético

SENTADA y cuidadosamente envuelta, la Reina de Bastos, orientada hacia la derecha con su cetro en forma de maza, su corona reposando sobre largos cabellos blancos y sueltos, que recubren sus hombros, representa la íntima agrupación de las energías del ser para asegurar el dominio de la materia y la defensa contra las fuerzas adversas que pueden sobrevenir.

Sentido analítico

La preocupación activa de la Reina de Bastos, de hacer frente a una circunstancia imprevista, está indicada a través de su mirada observadora vuelta hacia la derecha, y su dominio, por la dimensión de su bastón.

Particularidades analógicas

La interposición de los cabellos trenzados entre la cabeza y la corona disminuye la radiación de esta y muestra que su dominio se ejerce más bien hacia lo bajo que hacia lo alto. El vestido rojo, con forro color carne, que la cubre completamente, es igualmente una indicación de su actividad en lo físico, y la cenefa amarilla lo es de su inteligencia en los diferentes planos orientados hacia la materia.

REINA DE BASTOS

Al ser femenina y pasiva, no puede actuar, y por tanto está sentada, con el bastón reposando sobre su hombro, pero reúne interiormente sus fuerzas, como lo determina el gesto que hace con la mano izquierda para volver a poner y mantener sobre sus rodillas un paño azul, tanto para cubrirse, con vistas a un ataque exterior, como para concentrarse; esta cubierta indica las reservas psíquicas de que dispone y el ataque podría significar tanto una enfermedad como una circunstancia adversa.

El elevado sitial de la Reina de Espadas es reemplazado por un trono bajo, apenas visible, para mostrar que, al ser más material, no se apoya tanto como aquélla sobre un plano superior.

El cinturón, cuyo papel consiste en sostener y ajustar la parte media del cuerpo, indica mediante sus 7 puntos que puede vibrar ciertamente en los 7 estados de la materia [1].

Las rayas negras, en distintos sentidos sobre el suelo, manifiestan las imperfecciones de la materia, sobre la que tiene su base, y simbolizan las resistencias, los obstáculos y las dificultades que el ser encuentra para fundamentar el trabajo de las energías de la materia.

Significaciones utilitarias en los tres planos

MENTAL. Confianza absoluta en las empresas desde el punto de vista de su acción y de su éxito.

ANÍMICO. Protección en caso de discordia o de desunión. Hace renacer la confianza, porque la cubierta sobre sus rodillas indica su fuerza de protección.

FÍSICO. Gran energía interna, preservación en los negocios y en la salud.

Invertida. Entorpecimiento de las cosas, confusión y vulgaridad a causa de su materia, difícil desligamiento de los obstáculos.

*   *   *

En su sentido elemental, la Reina de Bastos representa la agrupación de las fuerzas íntimas que el hombre, ante todo, debe hacer para asegurar su conquista sobre las energías materiales y preservarse de sus reacciones.

---

[1] Físico, líquido, gaseoso, a los que se añaden los 4 estados etéricos.

REY DE BASTOS

Sentido sintético

Vestido con un rico traje militar y tocado con un amplio sombrero que rodea una corona, el Rey de Bastos, que proyecta con mano firme su cetro hacia la tierra, con la mano izquierda colocada cerca de la cintura y la rodilla alzada, significa que los logros materiales no pueden ser conquistados más que por medio de un trabajo preciso, equilibrado y ejecutado con firmeza.

Sentido analítico

El aspecto militar del Rey de Bastos tiene por objeto mostrar que su trabajo se rodea de energía. Sus cabellos blancos designan su equilibrio interno.

El pesado cetro, netamente dirigido por la mano derecha hacia el suelo, indica que el personaje, para obtener la realización que le incumbe como Rey, debe dominar las situaciones y despejar las dudas fijando las cosas en lo concreto.

Particularidades analógicas

El cetro blanco, puntiagudo en su extremo inferior que no reposa sobre el suelo estriado de rayas negras oblicuas, y que tiene en su cima una parte blanca coronada por una bola amarilla rayada de negro y en su base un pesado adorno amarillo, es la expresión de poder del Rey sobre la materia, y aunque el Rey quiera actuar impersonalmente, los obstáculos a vencer en su camino son numerosos.

Bajo la coraza, sobre la falda azul, unas laminillas del mismo tono representan los rayos fluídicos que parten de abajo; en los hombros, láminas amarillas indican una radiación fluídica que emana de lo alto, demostrando así que el poder del hombre irradia tanto hacia lo alto como hacia lo bajo.

Contra la base de la coraza, su mano izquierda, de naturaleza pasiva, uno de cuyos dedos muestra los 4 puntos, en tanto que el antebrazo reposa sobre la rodilla doblada, significa que el trabajo interior de su pensamiento activo, con búsqueda del equilibrio (la cintura), se ejerce de varias maneras y se extiende a los 4 planos de la materia [1].

Los 14 puntos, que figuran en el conjunto de su indumentaria, determinan esta extensión; su posición simétrica, en relación a la línea media de la casaca, indica que están polarizados y que representan 7 × 2; luego 7 proporciona la gama de todas las vibraciones, y su polarización implica que se produce en modo interno, como mediante el sonido, y en modo externo, como a través de los colores. El sombrero, ondulado y de forma regular, en oposición con el del Rey de Copas, muestra la actividad personal y directa del Rey de Bastos en lo físico, y la posición de la corona sobre este sombrero, interiormente azul y exteriormente rojo, precisa que esta actividad no es el elemento principal del trabajo mental, sino que este se equilibra interiormente, en especial mediante el psiquismo, antes de revestirse de materia, y que se extiende ampliamente a los mundos tanto activos como pasivos. Las rayas negras del sombrero representan las fuerzas de inercia que la actividad del Rey tendrá que vencer en lo físico.

El talón levantado, como la sombra que lleva lo hace destacar, indica que la inmovilidad del Rey es solo momentánea y que se pondrá en camino en el momento en que la necesidad lo requiera. Esto quiere decir que las realizaciones no están en función de una duración, sino

---

[1] Sólido, líquido, gaseoso, adquiriendo este último 4 estados.

de un trabajo de preparación que, súbitamente, puede alcanzar su madurez.

El trono sobre el que se apoya, por medio de sus estrías negras, muestra las resistencias que encuentra el Rey de Bastos para establecer su acción, y los pies del trono, reposando sobre el pedestal de color carne, que dicha acción es física.

Las patas amarillas, el larguero azul coronado por una bola blanca, la parte amarilla del sitial sobre la que el Rey está sentado, así como la base amarilla del suelo donde se apoyan sus pies, evitando el color carne del centro, representan las fuerzas que le han sido concedidas para vencer las resistencias que encontrará en los planos donde actuará con inteligencia.

Significaciones utilitarias en los tres planos

MENTAL. Seguridad de juicio, claridad en las búsquedas para las empresas a realizar en cosas que precisan de energía. Decisión.

ANÍMICO. Espíritu de conquista, de empresa. Afluencia de energía material. Procreación.

FÍSICO. Emprendedor en los negocios. Salud excelente. Naturaleza ligera pero generosa.

Invertida. Esta carta, al orientar el calor de su energía hacia la materia, se vuelve negativa: borrachera, intemperancia por exceso de energía gastada en los goces.

* * *

En resumen, en su sentido elemental, el Rey de Bastos representa la necesidad del esfuerzo y la firme determinación de la acción para todo logro en el plano material.

ARCANOS MENORES

FIGURAS DE OROS

SOTA DE OROS

Sentido sintético

LA Sota de Oros, llevando un tocado en forma de ocho, con un borde caído, sólidamente establecido sobre un suelo reverdeciente, elevando hacia lo alto un oro colocado en su mano derecha y la otra mano sobre su cinturón, mientras que otro oro aparece en tierra cerca de su pie derecho, manifiesta una elaboración susceptible de conectar los estados mentales con los estados materiales, mediante una producción fecunda en los dominios del mundo físico.

Sentido analítico

El lazo entre lo alto y lo bajo resulta de la posición extrema de los dos oros; el de abajo no está sostenido por la Sota, porque no es este personaje quien hace subir la materia hacia la inteligencia, pero sí es quien la hace descender hacia lo físico. El sombrero en forma de 8, con un borde abatido hacia el suelo, acentúa aún más, pero de modo intelectual, esta acción de la Sota. Su papel mediador se deduce también de la mano que toca su cinturón amarillo de 4 triángulos, separando lo alto de lo bajo del cuerpo, que señala de este modo el trabajo inteligente ejerciéndose con un equilibrio completo entre la parte superior de la materia, representada por el torso, y su parte inferior, indicada por las piernas. El equilibrio completo resulta del 3, equilibrio conciliador, repetido 4 veces, siendo 4 el equilibrio material.

La pasividad de la Sota está marcada por su inmovilidad, pero la acción de su mano derecha para sostener el oro muestra que esta pasividad contiene una actividad deseada y anunciadora de realizaciones, puesto que la derecha determina el esfuerzo del ser humano hacia el exterior [1].

Particularidades analógicas

La forma en 8 del sombrero indica igualmente que el tiempo no existe, en razón de la permanencia del equilibrio representado por el 8; y la mirada fija en el oro superior determina una persistente vigilancia.

La variedad de colores supone que la acción se ejerce en todas las esferas.

Los manojos de hierbas verdes en el suelo, color carne, indican una aportación física de afluencias nerviosas, y los manojos amarillos, un aporte mental, para luchar contra la inercia de la materia representada por las estrías negras.

Significaciones utilitarias en los tres planos

MENTAL. Inteligencia realizadora; es decir, sabiendo elegir los elementos necesarios para una realización.
ANÍMICO. Elección de los elementos necesarios para llegar a unos fines.
FÍSICO. Equilibrio en los asuntos, y en la salud.

Invertida. Está neutralizada, pues el agente de unión ya no existe y su acción se vuelve inoperante.

* * *

En su sentido elemental, la Sota de Oros se presenta al hombre como un mensajero anunciador de la realización de sus proyectos, porque los ha concebido de acuerdo entre lo alto y lo bajo.

---

[1] Ver las Sotas en la Introducción de los Arcanos menores de Figuras, pág. 249.

CABALLO DE OROS

Sentido sintético

Montado sobre un caballo al paso, enteramente de color carne, y que se dirige hacia la derecha, el caballero de Oros, con un bastón sobre el hombro, y mirando el oro colocado delante y a la altura de su cabeza, simboliza la puesta en equilibrio de las actividades constructivas, mediante la seguridad de su acción, la calma, en la continuidad de su avance y la orientación perfecta de sus directivas.

Sentido analítico

El oro, colocado arriba, es decir en la región espiritual, claramente ante los ojos del caballero, es como una estrella fijando su dirección y hacia la cual se dirige tranquilamente. El oro representa igualmente su obra en el mundo.

El bastón, bien apoyado sobre su hombro, confirma su seguridad, y simboliza su voluntad y su energía individual, porque está en la mano derecha.

El Caballo de Oros no tiene período de incubación. Al igual que la Sota de Oros, ha recibido el mensaje (la Sota presenta el oro con su mano derecha, lo lleva con la calma y con la energía necesarias).

CABALLO DE OROS

Particularidades analógicas

El caballero de Oros, mediante la idea de progresión que evoca su caballo, simboliza también la transformación de los mundos, y el bastón amarillo, sostenido con la mano derecha, indica su destrucción inteligente eventual en el plano físico.

Su actividad es extraída únicamente de las fuerzas vitales, porque el caballo es color carne, salvo los cascos azules, que indican la necesidad de llevar su apoyo a lo anímico (ver el Caballo de Espadas). El caballo al paso indica un avance cierto, un esfuerzo tranquilo y mesurado; la orientación hacia la derecha confirma la decisión de actividad.

Cabalga contrariamente a los otros Caballos y se vuelve para señalar claramente la dirección opuesta al camino trazado por los demás, caminos que tienen un carácter de resultado, en tanto que el suyo está completamente aislado y no presenta ningún contacto con los pensamientos humanos.

El tocado redondo y rojo, con un borde azul, significa su irresponsabilidad en sus destrucciones eventuales y que estas tienen lugar en la materia bajo la influencia espiritual. No se ve la mano que sostiene las riendas amarillas, al estar esta fuerza dirigida por una mano invisible inteligente, y al no ser una fuerza destructiva sin objeto.

El estribo rojo muestra el punto de apoyo material que toma el Caballero para efectuar estas transformaciones.

Los adornos amarillos del caballo tienen el mismo significado que en el Caballo de Copas, así como los puntos del arnés y de las riendas.

La misma significación respecto a los colores del vestuario que en los Caballos de Copas y de Bastos, así como en lo que se refiere al suelo.

Significaciones utilitarias en los tres planos

MENTAL. Representación de todo aquello que la inteligencia concibe para construir en la materia: problemas geométricos, planos de arquitectura.

ANÍMICO. Sentimientos afectivos asentados, estables y progresivos.

FÍSICO. Orientación necesaria aportada a negocios que no marchan sin cuidado de circunstancias, porque si estas le obstaculizan las golpeará con su bastón. Buena salud. Curación asegurada en caso de enfermedad grave, larga o crónica.

Invertida. Al no poder actuar más, se vuelve neutra y ya no tiene significación.

*   *   *

En su sentido elemental, el Caballo de Oros representa al hombre entregándose a la calma, con sus energías mentales, para construir una obra sólida y duradera.

REINA DE OROS

Sentido sintético

SOSTENIENDO en la mano izquierda un cetro que termina en un motivo florido, y un oro en la mano derecha elevado hacia lo alto, de perfil y casi en pie, la Reina de Oros, con la corona echada hacia atrás sobre sus cabellos azules, indica un potente trabajo interior de orden anímico para asegurar, en las mejores condiciones, la preparación y la organización de los cambios entre el individuo y su medio.

Sentido analítico

REINA DE OROS

La corona implica radiación en lo Universal; aquí está echada hacia atrás y es apenas visible cuando la Reina de Oros aparece vista de frente, para mostrar que el acceso a lo Universal no es la finalidad buscada por ella, y que su acción, conforme al sentido del Oro, debe conducirse hacia el trabajo material. Esta posición de la corona indica también, por el retroceso sobre la cabeza, una condensación psíquica y mental, procedente del pasado, formando los conocimientos que le sirven de base para la realización favorable de los cambios; la rejilla interior y los florones exteriores simbolizan medios de penetración en la materia.

Particularidades analógicas

El color azul de sus cabellos muestra que es clarividente y que sus concepciones son esencialmente intuitivas; su vestido, del mismo tono, refuerza esta nota, puesto que la muestra completamente envuelta en el psiquismo.

Su posición, medio sentada y de perfil hacia la izquierda, recuerda la actividad que caracteriza al Oro, actividad que se ejerce necesariamente en el interior, ya que el Oro es pasivo; esto muestra un esfuerzo íntimo hacia una solución próxima respecto a toda cuestión constructiva considerada por la Reina de Oros una vez terminada la preparación del trabajo activo del Rey de Oros. El sitial verde fortalece su apoyo en lo físico, y el borde amarillo, su intelectualidad.

El cetro, negro como el Oro, recuerda la oscuridad que reina entre las tres zonas del oro y que existe en la intuición, cuya formación permanece siempre secreta; su extremo florido muestra la expansión de la concentración realizada mediante la Reina de Oros.

El oro, presentado en avance, hace manifiesta la riqueza aportada por la Reina; está posado sobre sus dedos y sostenido en alto, para mostrar que la acción, preparada por él, está presta a desencadenarse, así como su atracción hacia los estados superiores, cuya relación con el plano físico establece la Reina.

El cinturón, que separa el pecho del vientre, simboliza un sostén y una conciliación entre las tendencias anímicas y las tendencias materiales; los 12 puntos que en él figuran muestran que estas están al fin del ciclo y se orientan hacia lo universal, y la ancha banda amarilla que une el cinturón carne con el cuello del mismo tono, muestra la inteligencia divina iluminando su actividad psíquica.

Significaciones utilitarias en los tres planos

MENTAL. Seguridad de éxito en las búsquedas, especialmente las de orden abstracto.

ANÍMICO. Consuelo, afecto sólido, poderoso, radiante.

Físico. Buena salud; en caso de enfermedad, certeza de curación. Negocios en buen equilibrio, llevados racionalmente.

Invertida. Impedimentos de todo tipo, confusión, grandes dificultades para desprenderse de las malas situaciones, porque los medios que posee la reina para actuar sobre la materia la obstruyen y la encierran en ella.

*   *   *

En su sentido elemental, la Reina de Oros representa el trabajo latente e intuitivo del hombre, que debe preceder a toda construcción y a todo cambio, con el fin de que estos se realicen en las mejores condiciones.

REY DE OROS

Sentido sintético

SIN corona, con la cabeza cubierta por un complejo sombrero que reposa sobre un tocado blanco, y vistiendo un traje rico y variado, el Rey de Oros, sentado, con una pierna cruzada sobre la otra, el cuerpo orientado hacia la izquierda y la cabeza hacia la derecha, simboliza así la riqueza mental y la ciencia humana, que permite mediante su empleo juicioso, y según los casos, la realización progresiva o inmediata en materia de construcciones concebidas por lo mental.

Sentido analítico

La complejidad del tocado del Rey de Oros indica el conjunto de los planos de trabajo que encarna y de cuya materia toma el reflejo. La ausencia de corona muestra, en efecto, que no irradia en lo Universal como los otros Reyes, sino que opera por los medios al alcance del hombre; dicho de otro modo, por la ciencia humana, que por sí misma no podría proporcionar la comunicación con lo Universal, es decir, el dominio mediante un plano superior.

REY DE OROS

Particularidades analógicas

Los triángulos del sombrero significan construcciones, porque el triángulo, por su equilibrio indeformable, constituye el elemento esquemático esencial de todo edificio [1]. Los colores azul del casquete, carne del borde interior y amarillo del exterior, indican deducción e inducciones, ejerciéndose sobre el trabajo vital, que permiten dirigir y controlar la materia. Su forma en 8 determina un trabajo en circuito cerrado; por tanto, completo y con posibilidades de realización.

El tocado blanco, debajo, es una aportación rica en conocimientos, en corrientes diversas y en fluidos de un plano superior; denota en el Rey de Oros una poderosa erudición, variada y luminosa.

La barba blanca, indicio de la voluntad y de los medios de ejecución, confirma una emisión de corrientes sintéticas, en tanto que el bigote, color carne, representa una aportación de fuerza nerviosa.

El pliegue del manto azul, alzado con la mano izquierda, implica, como manto, un envolvimiento por las fuerzas intuitivas y, por su encogimiento, una condensación voluntaria de los fluidos áuricos, una agrupación de las actividades psíquicas para una acción determinada y precisa. Este repliegue, al hacerse sobre la pierna derecha alzada, acentúa la tendencia a la acción y manifiesta que está próxima.

Los números 3, 2 y 7, marcados por los 3 puntos negros sobre el cuello amarillo, 2 botones en el chaleco rojo, más 6 rombos blancos y una línea blanca sobre el fondo negro del sillón, mediante sus formas, presiden la naturaleza de las operaciones que efectúa el Rey de Oros en los tres planos: mental, anímico y material. En el cuello, las 3 unidades, o puntos, indican abstracciones en modo ternario y, en consecuencia, la aplicación de la matemática a los triángulos constructores del sombrero. Los 2 círculos del chaleco constituyen una polaridad, que implica la conciliación de los contrarios y preside todas las combinaciones. Las 7 figuras blancas (seis cuadrados y una línea) trazadas sobre la parte negra del asiento, peraltado sobre cuatro pies, muestran a través de 7 la gama de los conocimientos adquiridos en el plano material, representado por el doble cuaternario. La consideración de con-

---

[1] Esto se constata al observar que los firmes y los armazones, en la base de toda construcción, son un conjunto de triángulos.

junto de estos tres números afirma la materialización de las concepciones del Rey de Oros, puesto que el último número se encuentra inscrito fuera de sí mismo. Los 6 puntos negros sobre la barra transversal color carne del asiento definen las pequeñas luchas que encuentra en lo físico; los 4 trazos negros que unen la base de las dos patas visibles del asiento son las pequeñas resistencias en la elaboración, y los 5 trazos negros, más arriba, las pequeñas resistencias en la transición que conduce al resultado.

El oro, sostenido por la mano derecha, por lo tanto activo, y apoyado sobre la rodilla levantada, representando así la bisagra de un brazo de manivela presto a la acción, confirma una próxima puesta en movimiento y una realización casi inmediata. El oro es pequeño porque representa una recopilación de conocimientos humanos, es decir, un conjunto de medios de construcción más abstracto que concreto, simbolizando la pequeñez la síntesis que, como máximo, está reducida a un punto.

En esta carta, la realeza del personaje no viene indicada por la corona, al estar ausente la misma, sino por la riqueza y la variedad del vestuario, cuya multiplicidad de elementos determina la plenitud de fuerzas.

El Rey de Oros es el único que reposa sobre un suelo desigual. Ello es debido a que se remueve la materia medíante su actividad mental y material. Los manojos de hierbas que brotan del suelo removido son floraciones de la inteligencia, y la parte blanca del suelo representa el equilibrio y lo que este aporta.

Significaciones utilitarias en los tres planos

MENTAL. Inteligencia poderosa, universal, perspicacia, capacidad de introspección en todos los dominios.

ANÍMICO. Poco anímico, es neutro en materia de afectos. Materialización de esperanzas, apoyo en la materia.

FÍSICO. Asuntos diversos y muy activos, cambiantes de naturaleza. Salud, con conflictos debidos a movimientos del temperamento, porque este está cargado de corrientes fluídicas.

El Rey de Oros está en relación con los Arcanos mayores II-III y IV.

Invertida. Extremo desorden, quiebra. Completa ausencia de escrúpulos, imaginación encaminada hacia el mal.

* * *

En su sentido elemental, el Rey de Oros representa el dominio de las construcciones en la materia mediante la ciencia y el conocimiento.

LOS ARCANOS MENORES

CONCLUSIÓN

CON el Rey de Oros se termina el cuádruple cuaternario de las Figuras. Resumamos su papel:

Las cuatro series de cartas de Arcanos menores representaban el juego elemental y normal de las fuerzas cósmicas, de las que el hombre puede sacar partido para sus creaciones; las Figuras introducen en este trabajo una nota trascendental, manifestándose mediante la intervención de las fuerzas sutiles del ser; es decir, su psiquismo, la elección de sus acciones, según las conveniencias, sus intuiciones y sus inspiraciones.

Como precedentemente se ha desarrollado en la Introducción, las Sotas corresponden al trabajo elemental y subconsciente, que sigue la proyección de un deseo, y formulan su expresión. Los Caballos transmiten lo que acaba de ser concebido por las Reinas, es decir, por la parte intuitiva del ser y nacido de la inspiración, para sintonizarlo con lo Universal; los Reyes aportan la realización.

Esta realización se hace con arreglo a cuatro aspectos fundamentales que corresponden a las cuatro formas de la intuición: 1.º El dominio mediante la voluntad (Rey de Espadas); 2.º El dominio mediante el trabajo y el deber material (Rey de Bastos); 3.º El dominio por medio del amor y del misticismo (Rey de Copas); 4.º El dominio mediante el conocimiento y las combinaciones (Rey de Oros).

TIRADA DEL TAROT

Métodos a utilizar para echar el Tarot en sus tres modalidades

1.º El Echador o Intérprete tiene la obligación de concentrarse a fin de proyectarse en el psiquismo del Consultante, así como en el campo de sus posibilidades en lo astral. El sincronismo de las vibraciones del Echador y del Consultante (que previamente debe establecer la calma en sí), permitirá la exploración del subconsciente y la determinación de futuras posibilidades.

2.º EMPLEO DE LAS CARTAS PARA LAS TRES PRINCIPALES TIRADAS

El Echador, después de haber barajado cuidadosamente sus cartas, con objeto de neutralizar las vibraciones que subsistan eventualmente de la precedente consulta, debe presentarlas al Consultante para que este realice el movimiento circular; a continuación, el Echador afianza la mezcla de las cartas haciéndolas pasar alternativamente de una mano a la otra, sopla encima de izquierda a derecha y hace soplar igualmente al Consultante. Estas operaciones sucesivas tienen como finalidad asegurar la impregnación total del juego y concertar, para una mejor interpretación, al Echador y al Consultante. Se recomienda, según estas diferentes prácticas, no cortar el juego, pues esto tiene como consecuencia perturbar las vibraciones.

3.º PRIMERA TIRADA O TIRADA EN ESTRELLA O EN CRUZ

Este método da el reflejo del ser, en razón de la particular disposición de la carta del Consultante a la izquierda. Se hace con las cartas de los Arcanos mayores solamente.

Después de haber observado las condiciones preliminares, se pide al Consultante que piense un número entre el 1 y el 22, en el momento en que se haya hecho el acuerdo entre el Echador y el Consultante, y que su pensamiento esté fijo sobre la cuestión a resolver. Esta maniobra es repetida espontánea y sucesivamente cuatro veces, a petición del Echador. El Consultante inscribe el número de la carta correspondiente a la cifra dada, repitiendo la operación con los cuatro números, y después hace la suma de los números que componen las cuatro cartas. El número obtenido, si es superior a 22, debe ser adicionado en sus componentes, de forma que quede reducido dentro de este límite; el resultado corresponde a la carta central que refleja la pregunta.

El Echador está en posesión de 5 cartas, que deben ser dispuestas de la siguiente forma:

1.ª Carta, a la izquierda, que será la carta del Consultante.

2.ª Carta, a la derecha, representará el mundo exterior.

3.ª Carta, arriba, que simboliza la ayuda psíquica o moral.

4.ª Carta, abajo, corresponde a la realización sobre la que se puede calcular.

5.ª La carta central que refleja la pregunta.

Con el fin de obtener una precisión más sutil sobre los futuros acontecimientos, se hace la suma de la carta izquierda y de la carta derecha, y el número obtenido permite conjeturar la ayuda a los obstáculos que sobrevendrán. La misma operación ejecutada con las cartas de arriba y de abajo indicará la manera en que el Destino efectuará su realización. Para terminar, se hace la suma de las siete cartas obtenidas, y su resultante, aportando un detalle general, viene a enriquecer la respuesta a la pregunta planteada.

4.º TIRADA MEDIA

Siempre ajustándose a las primeras indicaciones dadas preceden temente. El Echador debe utilizar en primer lugar las cartas de los Arcanos mayores exclusivamente. Expondrá estas veintidós cartas ante el Consultante pidiéndole que elija al azar. Las cartas elegidas deberán ser devueltas al Intérprete, teniendo cuidado de no volverlas. Él las dispondrá una detrás de otra, sin invertir su orden ni su presentación. (Se debe separar los Arcanos mayores de los Arcanos menores, porque los primeros representan los principios y los segundos reflejan las actividades que vienen a añadirse a esos principios.) La disposición se establece como indica la tabla siguiente, colocando la primera carta que sale en la primera casilla, la segunda en la segunda, etc.

8	7	6	5	4	3	2	1
12		11		10		9	

El Echador tiene ante sí 12 Casillas formando un todo polarizado cuyo acuerdo vibratorio se ejerce entre sus diferentes partes. Esta figura está sacada del *Tratado de Geomancia,* de Eugène Caslant [1], y adaptada al Tarot. Las sucesivas correspondencias de las diferentes casas que constituyen esta figura pueden ser evaluadas así:

1.ª CASA. ES EL DOMICILIO DE LA VIDA

Representa a aquel que hace la pregunta, o para quien está hecha la figura, y define su temperamento, su carácter, su fisonomía, su complexión, sus costumbres, su fealdad o su belleza, su alegría o su tristeza, lo que lleva oculto en sí mismo, sus intenciones, la largura o la brevedad de su vida.

---

[1] *Traité Elémentaire de Géomancie,* por E. Caslant, de l'École Polytechnique, Librairie Véga, 175, boulevard Saint-Germain, París (1935).

El comienzo de todas las cosas o empresas. En qué tiempo se puede emprender el negocio y el éxito que se puede alcanzar en él.

La cabeza y todo lo que le concierne: cerebro, memoria, entendimiento, razón, inteligencia; frente, ojos, cejas, nariz, dientes, boca, orejas.

2.ª CASA. ES EL DOMICILIO DE LOS BIENES

Representa las ganancias futuras o los bienes muebles del Consultante, así como los beneficios que puede obtener mediante su trabajo, por gracia o por industria. La forma honrada o ilícita en que esos bienes han sido adquiridos. La estabilidad de esas riquezas y la extensión de los gastos. El provecho que se puede obtener de un viaje, de un servidor, de un amigo, de un poderoso. El lugar donde algo ha sido perdido o robado. El cuello.

3.ª CASA. ES EL DOMICILIO DEL ENTORNO

Representa los hermanos, las hermanas, los sobrinos y otros allegados del Consultante, así como sus familiares y sus vecinos. Sus facultades intelectuales y sus tendencias. Los pequeños viajes con sus pequeños fastidios y satisfacciones. Las cartas y los mensajes.

Los hombros y los brazos.

4.ª CASA. ES EL DOMICILIO DE LA HERENCIA PATERNA

Representa el padre y los abuelos masculinos del Consultante, así como su patrimonio, la legitimidad del hijo, la longevidad del padre. Las casas, viñas, prados, jardines, bosques con sus dependencias, así como las minas, tesoros y otras cosas estables.

Los lugares donde puede haber cosas escondidas o guardadas, tales como torres, castillos, fortalezas, sepulcros. La ciudad, sea del tamaño que sea, donde vive el que pregunta, las gentes que la habitan, su suerte si está sitiada.

El origen bueno o malo de todas las cosas, los trastornos de la posición, la reputación después de la muerte, la celebridad.

El estómago y el pecho.

5.ª CASA. ES EL DOMICILIO DE LOS NIÑOS

Representa los hijos del Consultante, su número, sus cualidades, su físico.

Los placeres y las alegrías de la vida: banquetes, bailes, conciertos, teatros y todo lo voluptuoso.

Los vestidos considerados como adorno.

Las amantes o los amantes, la gordura y el sexo del niño.

La especulación, la suerte en el juego, los dones.

La enseñanza.

El corazón.

6.ª CASA. ES EL DOMICILIO DE LA SERVIDUMBRE

Representa las enfermedades del Consultante, sus servidores y sus animales domésticos, no cabalgables (corderos, cabras, puercos, pollos, etc.).

Los remedios y la calidad del médico.

El lugar donde se tiene al enfermo, el provecho de hacerlo cuidar.

El trabajo como oficio.

Los artesanos y gentes de condición inferior, los mediadores, los falsos testigos y auxiliares de mala ley.

Las circunstancias relativas al robo de animales domésticos.

El infortunio, las tinieblas, la indigencia, el oprobio, el temor y las cosas corrompidas.

El vientre.

7.ª CASA. ES EL DOMICILIO DEL CÓNYUGE

Indica la posibilidad de matrimonio, el carácter del cónyuge, su grado de afecto o de fidelidad.

Las compras, contratos, procesos, discusiones; los ladrones, los enemigos declarados, la paz o la guerra, y todo aquello que se presenta como contrario al Consultante.

La superioridad o la inferioridad del adversario en todas las cosas: juego, duelo, empresa, y, en oposición, el valor de la amistad con otra persona.

Las circunstancias que acompañan las bodas.

La pelvis y los riñones.

8.ª Casa. Es EL DOMICILIO DE LA MUERTE

Indica la muerte o la enfermedad del Consultante, la brevedad o no de su existencia, la época en que fallecerá y la naturaleza de la muerte.

Los temores y el crédito que puede concederle.

Las herencias y todas las cosas procedentes de los muertos.

Los presentimientos, los sueños, el sopor, y todos los lazos con los muertos.

La tristeza, el veneno, la ponzoña.

La vejiga y los órganos genitales.

9.ª Casa. ES EL DOMICILIO DE LA RELIGIÓN

Indica la creencia, la piedad, la filosofía, las tendencias ideales y morales del Consultante.

Todo lo que se relaciona con la religión, como las dignidades eclesiásticas, las dependencias de un templo, de un monasterio o de una ermita, los diferentes servicios religiosos, la indumentaria de los sacerdotes y, en consecuencia, la ordenación, los cargos eclesiásticos.

Lo que está en relación con las ideas filosóficas, la conciencia, el grado de juicio o de locura, los escritos, los estudios, las funciones de orden intelectual a las que el Consultante puede aspirar, como el profesorado, y la fama que se alcanzará.

Los ensueños, las supersticiones, las ciencias adivinatorias.

Los grandes viajes, su utilidad, su peligro y su duración, la suerte que acompañará a las expediciones lejanas, por tierra o por mar.

Las caderas y los muslos.

10.ª Casa. ES EL DOMICILIO DE LOS HONORES

Indica la profesión, las dignidades, las protecciones, los actos del Consultante, su ambición o su ideal, así como el favor que se puede obtener de los grandes.

La madre y los ancestros femeninos.

El médico y lo que se refiere a sus prescripciones (farmacéutico, eficacia de los medicamentos, etc.).

Las rodillas.

11.ª CASA. ES EL DOMICILIO DE LOS AMIGOS

Representa a los amigos del Consultante, la ayuda y el beneficio que puede obtenerse desde el punto de vista moral o material, así como la confianza que se puede tener en ellos.

Lo que se puede esperar de aquel de quien se depende, el apoyo que el mayordomo puede obtener de su señor, el funcionario de su jefe, los niños de su padre, etc., y, en consecuencia, si es bueno o no acercarse a un gran personaje.

Las esperanzas, el valor de las promesas, la fortuna que se puede esperar en la vida o en el año, o en un período de tiempo definido, así como los regalos.

El poder, la riqueza o el crédito del alto personaje de quien se depende.

Los consejos de los jefes.

Las piernas.

12.ª CASA. Es EL DOMICILIO DE LAS TRIBULACIONES

Indica los enemigos ocultos, su número y su fuerza; las calamidades, las riquezas, las penas del Consultante, así como las traiciones que puede temer.

Aquello que se quiere saber sobre los traidores, los malos servidores, los ladrones y sobre todo lo que se refiere a la mala acción que ha sido cometida.

Los enemigos privados, pero no públicos, la calumnia.

Las enfermedades incurables, las dolencias, los accidentes o los partos.

Los animales grandes (bueyes, caballos, bestias feroces, bestias cabalgables o de tiro).

La prisión.

Las deudas, la pobreza, la miseria, los vagabundos.

El exilio y sus causas, las peregrinaciones.

Los pies.

Esta tirada media, la más empleada, corresponde al ser humano, en su papel universal, con todas sus manifestaciones.

Cuando el Consultante ha elegido sus cartas, que el Echador ha dispuesto, como se dijo anteriormente, este reúne los Arcanos mayores restantes con los Arcanos menores mezclándolos y polarizándolos de nuevo mediante su soplo y el del Consultante; después le hará elegir de nuevo otras doce cartas, que depositará en el mismo orden sobre las precedentes. Esta forma de proceder indicará, primeramente y mediante el Arcano mayor que sirva de base, el principio que interviene en las diferentes casas o el acto esencial que las anima. En segundo lugar, y mediante la segunda carta depositada, las reacciones o acontecimientos venideros. Según la preocupación dominante del Consultante, se puede hacer que escoja cartas que se depositarán en las casas interesadas, a fin de obtener las aclaraciones deseadas.

5.º TIRADA HOROSCÓPICA

Esta tirada emplea los 78 Arcanos del Tarot.

Este método completo proporciona el reflejo total del ser en relación a su papel en el Universo.

Únicamente para la tirada horoscópica se hace el juego con todas las cartas mezcladas desde el principio.

Las cartas, elegidas al azar por el Consultante, son depositadas en las doce casillas por el Echador, a quien le son entregadas una a una, y esto sucesivamente cuatro veces seguidas, lo que hace que cada casa contenga cuatro cartas.

Cada una de estas series de cuatro cartas da el aspecto de cada una de las casas; es decir, el reflejo del estado en que se encuentra el Consultante en relación a ellas. Cada serie de doce cartas superpuestas corresponde, partiendo de ellas desde abajo,

1.º A la parte física.
2.º A la parte pasional.
3.º A la parte psíquica.
4.º A la parte mental.

A continuación se hará echar las 12 cartas al consultante, y se las depositará siempre de derecha a izquierda, para obtener las relaciones de una casa con las demás, lo que proporciona igualmente los movimientos y los acontecimientos que pueden surgir.

En resumen, las 48 primeras cartas formarán el estado estático, las cartas suplementarias darán los acontecimientos que vendrán a atravesarlas, 48 + 12 = 60. Las 18 cartas restantes deberán ser echadas al paso que los detalles útiles para adjudicar a las casas interesadas. Es importante, para tener un reflejo tan exacto como sea posible, que todas las cartas sean empleadas.

Una regla capital a observar es la reacción de las casas unas sobre las otras. Para esto es indispensable penetrarse bien de la significación de las doce casas.

En la interpretación de las cartas es necesario, para hacerlo tan minuciosamente como sea posible, estudiar la actitud de los personajes, reflejando su actividad o pasividad; los colores que intensifican una respuesta, mediante sus correspondencias con lo físico, lo psíquico, o lo mental, etc.

El Intérprete que esté en perfecta posesión de todas estas reglas para el empleo del Tarot de Marsella podrá dar consejos muy útiles y aclaraciones hasta el infinito sobre las preguntas que puedan serle planteadas.